SO MACHT MANN DAS!

327 Survival-Tipps für den Männeralltag

Wolfgang Melcher

SO MACHT MANN DAS!

327 Survival-Tipps für den Männeralltag

MEYER & MEYER VERLAG

Men's Health

Papier aus nachweislich umweltverträglicher Forstwirtschaft.
Garantiert nicht aus abgeholzten Urwäldern!

So macht Mann das!

Bibliografische Information der Deutschen Nationalbibliothek
Die Deutsche Nationalbibliothek verzeichnet diese Publikation in der Deutschen Nationalbibliografie; detaillierte bibliografische Details sind im Internet über <http://dnb.d-nb.de> abrufbar.

Adelaide, Auckland, Budapest, Cape Town, Graz, Indianapolis, Maidenhead, New York, Olten (CH), Singapore, Toronto
Member of the World
Sport Publishers' Association (WSPA)
Druck und Bindung: B.O.S.S Druck und Medien GmbH
ISBN 978-3-89899-387-6
www.dersportverlag.de
E-Mail: verlag@m-m-sports.com

Inhalt

ATLANTISCHER

MANN VON WELT

Souverän und stilvoll: die 19 wichtigsten Fragen

1

Wie werde ich im Restaurant besser bedient?

Erst warten Sie sieben Minuten auf die Karte, nach einer weiteren Ewigkeit wird Ihre Bestellung mit grimmigem Blick und Kommentaren wie: „Leider aus" oder: „Extrawünsche kosten extra" gnädig entgegengenommen. Dass das Roastbeef auf Ihrem Teller dann kaum zarter als Ihre Schuhsohlen, der Korkgeschmack das einzig Bemerkenswerte am Chianti ist, wundert Sie überhaupt nicht mehr. Ach, wenn Sie doch noch mal ganz von vorne anfangen könnten ... Bitte sehr:

Der erste Auftritt

Statt sich einfach auf den nächsten freien Stuhl zu setzen, suchen Sie sofort Kontakt zum Kellner. Gehen Sie auf ihn zu, fragen Sie, wo ein guter Tisch für Sie frei ist. Geht er weg, um einen zu suchen, bleiben Sie ihm dicht auf den Fersen. Er darf Ihnen nicht mehr entkommen, bevor Sie haben, was Sie wollen. Profis lehnen übrigens den ersten und vielleicht sogar den zweiten Tisch nach einem kritischen Blick ab. Und signalisieren der Gegenseite so von Anfang an, dass sie es mit einem wählerischen Gast zu tun hat. Und es besser ist, dessen Wünsche schnell und exakt zu erfüllen – sonst gibt man ja eh keine Ruhe.

SO MACHT MANN DAS!

Kartenspiele

Der Kellner liefert die Speisekarte ab und verschwindet? Von wegen! Verwickeln Sie ihn sofort in ein Gespräch: Lassen Sie ihn Vorschläge machen, was Sie heute essen sollten. Fragen Sie nach den Spezialitäten des Hauses, den dazu passenden Weinen ...

Extrawünsche

Sie wollen lieber Reis statt Bratkartoffeln? In dieser Phase Ihrer Zweierbeziehung sollten Sie dem Kellner schon so imponiert haben, dass er keinen Ihrer Wünsche leichtfertig abschlägt. Wagt er es doch, geben Sie ihm den Auftrag, doch noch mal den Koch zu fragen. Ganz harten Nüssen können Sie ruhig nachrufen: „Oder soll ich schnell mitkommen in die Küche und selbst mit ihm reden?" So sauber können die Töpfe und Pfannen gar nicht sein, als dass das dem Chef de Cuisine recht sein könnte.

Kontaktaufnahme

Sie sitzen am perfekten Tisch, die Empfehlung des Kellners hat ausgezeichnet geschmeckt, doch jetzt hätten Sie noch gerne einen Espresso? Verkneifen Sie sich Ihr Winken und besser auch das Rufen. Am elegantesten lockt man den Kellner mit intensivem Blickkontakt an den Tisch. Hilft das nichts, hebt man leicht den Unterarm. Nur wenn er sich blind stellt, sollten Sie versuchen, ihn mit Schallwellen auf sich aufmerksam zu machen. Also „Herr Ober!" oder ein lautes „Bitte" rufen – oder, weil man bei diesen Fällen von spontaner Taub-Blindheit sowieso immer das Gefühl hat, zu stören: „Verzeihen Sie!"

Belohnung

Sie haben bekommen, was Sie verdienen? Dann geben Sie auch dem Personal, was es verdient (siehe Seite 21). Übrigens: In guten Restaurants zahlt man nicht, man verlangt nach der Rechnung.

10 eindeutige Warnzeichen, dass Sie in einem Restaurant lieber Bier als Wein trinken sollten

1. Die Weinflaschen stehen alle aufrecht im Restaurant herum, bevorzugt auf der Heizung. Und der Staubschicht nach zu schließen auch nicht erst seit gestern.

2. Ihre Frage nach der Weinkarte pariert der Kellner mit dem entwaffnenden Argument: „Karte? Wir haben Weißen oder Roten!"

3. Es gibt nur Hauswein, den aber aus Karaffen. Die Frage nach Sorte, Herkunft oder gar Jahrgang führt maximal zu einem Schulterzucken.

4. Immerhin: Es gibt eine Weinkarte. Die ist aber in Sütterlin geschrieben, einige der eingeklebten Etiketten sind lose oder schon herausgefallen.

5. Der teuerste Wein auf der Karte ist ein Rosé.

6. Der Versuch des Kellners, „Sauvignon Blanc" richtig auszusprechen, scheitert kläglich.

7. Es gibt nur eine Sorte Weingläser – und die sind nur unwesentlich größer als die Schnapsgläser.

8. Der Kellner müht sich vergeblich mit dem Korkenzieher ab.

9. Probeschluck? Was ist das?

10. Der Rotwein, den Sie bestellt haben, kommt aus dem Eisschrank. Der Weiße wurde wohl direkt neben dem Herd gelagert.

Wie isst man schwierige Speisen?

Sag mir, wie du isst und ich sage dir, wer du bist. Sie sind ganz sicher ein Mann von Welt – oder werden es zumindest spätestens mit diesen Tipps zum leichten Umgang mit 10 schwierigen Speisen:

Brot

Egal, ob als Gaumenkitzler oder zur Vorspeise: Toaststücke, kleine Brötchen oder Baguettescheiben gehören auf den kleinen Teller links vom eigentlichen Gedeck. Steht Butter, Schmalz oder Ähnliches auf dem Tisch, transferiert man mit dem Vorlegemesser eine kleine Portion auf den Rand dieses Tellers. Jetzt erst kommt das eigene, kleine Messer zum Zug. Dabei die Scheibe nur bissweise, nie ganz bestreichen – Sie schmieren schließlich keine Stulle zum Mitnehmen.

Suppe

Löffel rein, hoch, leeren und zurück. Stimmt genau. Trotzdem gibt es auch für Suppenkasper Regeln: den Löffel nie zu voll machen, dann zum Mund führen (und nicht umgekehrt). Wer Brandblasen auf der Zunge vermeiden will, kann ruhig pusten. Suppentassen darf man sogar an beiden Henkeln greifen und austrinken, um an den letzten Rest der leckeren Brühe zu kommen. Suppenteller müssen leider stehen bleiben.

Pizza

Opfern Sie Ihre Gabel der nächstbesten kitschigen Madonna: Eine Pizza wird stilecht-italienisch mit den Händen gegessen – allerdings erst, nachdem man handliche Achtel abgeschnitten hat. Hängt die Spitze der einzelnen Pizzastücke schlapp nach unten, einfach nach innen klappen.

Spaghetti

Der Könner kommt beim Nudeldrehen ohne Löffel aus: die Gabel nicht zu tief in die Pasta tauchen und gegen den leicht erhöhten Tellerrand aufwickeln. Dann senkrecht nach oben und ab damit in den Mund. Haben Sie sich zu viel zugemutet oder ist Ihr Mund zu klein, heißt es zurück zum Start und mit etwas mehr Augenmaß von vorne beginnen.

Artischocke

An jedem Blatt, das Sie herausziehen, bleibt ein Stückchen essbarer Artischockenboden hängen. In den Magen gelangt es, wenn Sie es vorsichtig vom Blatt lutschen (vorher haben Sie das Blatt natürlich in der leckeren Sauce versenkt, die der Kellner hoffentlich nicht in der Küche vergessen hat). Anschließend landet das ausgelutschte Artischockenblatt auf dem (hoffentlich bereitstehenden) Extrateller. Je dünner die Blätter werden, desto mehr können Sie essen. Doch irgendwann stoßen Sie auf das ungenießbare Stroh (falls es der Küchenchef nicht freundlicherweise vorher entfernt hat) und schließlich auf den Boden, die zarte Krönung der Artischocke (dem Sie am besten mit Messer und Gabel den Garaus machen).

Spargel

Sie haben die Wahl: mit (scharfem) Messer und Gabel in beiß- und schluckbare Stücke zerteilen oder den Spargel mit den Fingern essen (dann wird allerdings nicht abgebissen, sondern jede Stange einzeln in den Mund gezogen).

Forelle

Kein Kellner in Sicht, der Ihnen beim Zerlegen hilft? Dann müssen Sie eben selbst zum Fischmesser greifen: am Kopf beginnen, das Messer an der Seitenlinie bis zum Schwanz ziehen. So die Haut der Forelle auf der Mitte zerteilen und anschließend vom Kopf her abheben. Jetzt können Sie die Rückenflosse mit allem im Fleisch steckenden Ausläufern herausziehen. Dann wiederholen Sie das Ganze mit dem Bauchteil (inklusive der kleinen Flosse am hinteren Bauchende). Anschließend kann man das Rückenfleisch der Forelle mit der Rückseite des Fischmessers nach oben wegnehmen (im Notfall das Filet mit der Gabel retten). Jetzt kommt das Bauchfilet dran: Wieder mit dem Messer unter das Fleisch fahren (diesmal vom Rückgrat und Kopf her) und abheben (Achtung: Am Bauch ist das Filet dünner, deshalb das Messer nicht zu tief ansetzen.). Sie haben es fast geschafft! Nur noch mit dem Messer kurz vor der Schwanzflosse unters Rückgrat fahren und das Skelett komplett auf dem Grätenteller ablegen.

Austern

Das schlucken Sie doch mit links: Die Austernschale in die linke Hand nehmen, mit einem Gäbelchen das Fleisch etwas lockern. Dann einen Spritzer Zitronensaft oder Tabasco drauf und die Auster mit der Breitseite zur Lippe nehmen (Achtung: Die Schale kann scharfkantig sein!). Halb gießen Sie, halb schlürfen Sie (ohne viel Geräusch) den gesamten Inhalt weg. Ganz Mutige schlucken nicht sofort, sondern beißen wenigstens einmal zu.

Hummer

Hier ist Ihr handwerkliches Geschick gefragt: Serviert wird Hummer meist längs halbiert. Der Vorteil: Sie können das Schwanzfleisch mit der Gabel in einem Rutsch aus der Schale ziehen. Zweiter Schritt: die weichen Innereien – nicht jedermanns Geschmack, aber einfach zu essen mit einem Löffel. Dann nehmen Sie den Hummer in die Zange: zuerst von Hand die Zangen abdrehen, dann die einzelnen Segmente der Schere zerteilen. Ab diesem Punkt geht's nicht mehr ohne Werkzeug: Mit der einen Hummerzange (dem Besteck!) den Panzer der andere Hummerzange (das Meerestier!) wie eine Nuss knacken und das Fleisch freilegen. Das können Sie sich jetzt mit den Fingern oder der Hummergabel angeln.

Hähnchen

Je nach Zubereitungsart sind Finger (Brathähnchen) oder Messer und Gabel (Geflügel in Sauce) angesagt. Die richtige Reihenfolge im zweiten Fall: erst die Schenkel und die Flügel abtrennen (den Vogel dabei eventuell mit einer Gabel festhalten, damit er Ihrem Gegenüber nicht in den Schoß fliegt). Dann nimmt man sich das Hähnchen zur Brust: einen Längsschnitt in der Mitte der Brust ansetzen, der am Brustbein entlang bis auf die Rippenknochen geht. Mit mehreren Querschnitten löst man jetzt das Fleisch und hebt es vom Brustbein ab. Übrigens: Ihr Teller ist kein Tierfriedhof, die Knochen kommen immer auf einen Extrateller. Ist keiner da, lassen Sie sich vom Kellner einen bringen.

Welcher Wein passt zum Essen?

Vergessen Sie die alten Regeln: Zum Fisch ist Weiß kein Muss, Käse mundet auch ohne einen edlen Roten. Erlaubt ist, was schmeckt – allerdings sollte man die Wechselwirkungen zwischen dem Inhalt des Glases und des Tellers kennen. Die Grundregeln:

- Ins Glas gehört der gleiche oder ein ähnlicher Wein wie ins Essen. Zu „Hase in Barolosauce“ wäre ein Riesling also nicht ganz die richtige Wahl.

- Ein Wein sollte mindestens genauso süß sein wie die Speise. Das gilt nicht nur beim Dessert, sondern für alles, was leicht süßlich schmeckt (zum Beispiel glasiertes Gemüse, sahnige Saucen).

- Säure kann sich gegenseitig aufheben. Deshalb ist ein trockener Tropfen zum Salat oft nicht verkehrt. Alternativ können Sie es auch mit einem Wein mit hohem Restzuckeranteil versuchen.

- Scharfes und Salziges wird durch die Süße eines Weines gemildert. Das gilt zwar für ein Thai-Curry, weniger aber für Ihre total versalzene Hühnerbrühe (was da hilft, siehe Seite 110).

- Zu Oliven, Spargel, Chicorée und Artischocken gehört ein körperreicher, geschmeidiger Wein (mildert die im Gemüse enthaltenen Bitterstoffe).

- Bei fettem Essen schreit Ihr Magen geradezu nach einem säurebetonten Tropfen (hilft bei der Verdauung).

- Rotweine mit viel Tannin (Gerbstoffe, die die Zunge pelzig machen) schmecken weicher, wenn man sie zu stark eiweißhaltigen Lebensmitteln (wie Käse, Fisch, Fleisch) trinkt.

Wie meistert man den Probeschluck?

Bestellt ist er leicht, bezahlt vielleicht nicht ganz so einfach. Doch die wahre Hürde ist der Probeschluck unter den erwartungsvollen Augen von Kellner (Verzeihung: Sommelier) und Ihrem Date. Wie lässt man einen edlen Tropfen fachmännisch über die Zunge gleiten, ohne gleich als Weinlaie entlarvt zu werden?

1. Der erste Blick gilt der Flasche. Patina und Staub zeigen zwar, dass es sich um einen sehr reifen Wein handelt, verraten aber noch nichts über seine Qualität. Ist das Etikett nicht mehr lesbar, sollte man ruhig Zweifel äußern, ob es überhaupt der richtige Tropfen ist.

2. Als Nächstes wird der Korken unter die Lupe genommen. Ist er ausgetrocknet, wurde der Wein vermutlich falsch gelagert: im Stehen.

Er kommt dadurch mit Sauerstoff in Verbindung, altert schneller („oxidiert").

3. Das wichtigste Instrument bei der Korkenprüfung ist aber die Nase: Riecht der Korken muffig, ähnlich wie Mottenkugeln, kann man zu 99 Prozent sicher sein, dass der Wein nach Kork schmeckt. Schuld sind Mikroorganismen, die sich im Flaschenverschluss eingenistet haben. Besonders anfällig dafür sind Recyclingkorken, die nicht aus einem Stück bestehen. Sie enthalten kleine Luftlöcher – ideale Brutstätten für die Geschmacksverfälscher.

4. Untrügliche Indizien für Korkgeschmack entdeckt man dann beim Probeschluck: Während das Aroma längst abgeklungen ist, bleibt der Korkfehler quasi am Gaumen haften. Weitere Reklamationsgründe: Sherrygeschmack und -duft bei jungen Weinen – beides entsteht durch Oxidation – sowie eine falsche Temperierung: kalter Bordeaux, lauwarmer Riesling.

5. Sie müssen aus dem Probeschluck übrigens keine Wissenschaft machen. Sie möchten aber zumindest ein bisschen forschen? Na gut, dann achten Sie auf diese vier Kriterien:

Aussehen: Klarheit, Farbtiefe und Farbton machen jeden Wein einzigartig. Sie verraten aber nur sehr wenig über seine Qualität, gerade beim Aussehen lässt sich während des Herstellungsprozesses so einiges schönen. Einziges Ausschlusskriterium: Der Wein ist trübe.

Geruch: Riechen Sie in das Glas hinein und versuchen Sie, die Aromen zu identifizieren. Riecht der Wein fruchtig, nach Brombeeren, oder doch eher würzig, mit einer leichten Rosmarinnote? Schwenken Sie das Glas leicht und nehmen Sie noch einen Zug, damit Ihnen auch die flüchtigen Geruchsstoffe nicht entkommen.

Geschmack: Jetzt dürfen Sie probieren – aber bitte nur einen kleinen Schluck. Der darf dafür auf die Reise gehen, durch den gesamten Mundraum. Wie schmeckt der Wein Ihnen auf der Zungenspitze, wie am Gaumen? Wie steht es mit seiner Säure, der Süße, ist er weich oder aggressiv?

Nachklang: Atmen Sie zum Schluss der Prüfung nochmals durch die Nase aus. Entdecken Sie vielleicht Aromen, die Ihnen bislang nicht aufgefallen sind?

6. Ist der Wein nicht in Ordnung, geht er zurück in den Keller (oder besser: in den Abfluss). Wer sich nicht sicher ist, sollte die (hoffentlich) langjährige Erfahrung des Sommeliers in Anspruch nehmen: Bitten Sie ihn einfach, auch zu probieren. Übrigens: Selbst wenn ein Wein okay ist, Ihnen aber trotzdem nicht schmeckt, nehmen gute Restaurants die geöffnete Flasche oft zurück und empfehlen eine Alternative. Einen Anspruch darauf hat man allerdings nicht. Übrigens: Es ist absolut in Ordnung, den Sommelier um seine Meinung zu bitten oder ihm gleich die Prüfungsaufgabe zu überlassen – der Mann kennt sich schließlich wirklich damit aus.

Reden wie die Weinprofis

ABGANG	Der Eindruck, den ein Wein hinterlässt, wenn er den Mund verlässt (in Richtung Magen!).
AROMA oder BOUQUET	Der Geruch des Weines. Von Aroma spricht man bei jüngeren Weinen, Bouquet ist für ältere Tropfen reserviert.
FRUCHTIG	Dieser Wein schmeckt nach Früchten. Süß muss er deshalb noch lange nicht sein.

HOLZIG	Anders als beim Spargel ein Zeichen von Qualität: Der Wein hat sein bisheriges Leben in Eichenholzfässern verbracht.
KNACKIG	Ein Wein mit erfrischender Säure.
KÖRPER	Der Eindruck im Mund (leicht, mittel oder schwer).
LÄNGE	Es geht weder um die Flaschengröße noch darum, wie lange Sie zum Leeren brauchen. Länge meint auf gut Weindeutsch: Berührt der Rebensaft auf dem gesamten Weg von der Zungenspitze bis zum Rachenraum Ihre Geschmacksnerven?
SÜSSE	Entweder sie ist da oder nicht – beides schmeckt man gleich am Anfang, wenn man den Wein in den Mund nimmt.
TANNINREICH	Rotwein mit viel Gerbsäure, die für einen bitteren Geschmack sorgt und die Zunge pelzig werden lässt.
TROCKEN	Nicht süß.
WEICH	Dieser Wein umschmeichelt sanft Ihre Zunge, statt sie mit Säure zu verschrecken.

Wie wird ein Pils perfekt eingeschenkt?

Sieben Zwerge braucht Schneewittchen, sieben Minuten ein perfektes Pils. Beides allerdings nur im Märchen. Wer sich so lange Zeit lässt mit dem Einschenken, hat ein totes Bier im Glas. Die Kohlensäure ist raus, zurück bleibt ein schaler Geschmack. Das gilt auch, wenn das flüssige Gold nicht aus dem Fass, sondern aus der Flasche kommt. So vertreibt man stilecht und geschmacksschonend die Luft aus einem Pilsglas:

1. Spülmittel enthalten einen Schaumzerstörer. Unsichtbare Reste bleiben am Glas haften – egal, ob aus der Maschine oder von Hand gespült. Das Pilsglas deshalb vor Benutzung unter fließendem, kalten Wasser vorzuspülen, sorgt später für die richtige Blume.

2. Das Glas schräg halten (falls Sie rein zufällig einen Winkelmesser zur Hand haben: 30°) und das kalte Pils (optimale Trinktemperatur: 6-8° C) langsam eingießen.

3. Sobald die Schaumkrone den Glasrand erreicht, stoppen und das Glas abstellen. Dann kurz warten, bis der Schaum sich gesetzt hat.

4. Zum Schluss so viel Pils nachgießen, dass sich eine schöne, feste Schaumkrone bildet. Je größer die Entfernung, aus der Sie einschenken, desto perfekter wächst die Pilsblume. Denn die entsteht, wenn entweichende Kohlensäure von den Bestandteilen des Hopfens und Malzes mit einem Häutchen umschlossen und festgehalten wird. Das sieht nicht nur lecker aus, sondern hält das Bier im Glas auch länger frisch – falls es dazu überhaupt eine Chance hat.

Was soll ich an Trinkgeld geben?

Tippen will gelernt sein. Nicht nur beim Lotto oder auf der Pferderennbahn, auch in Hotels, Restaurants oder Taxis. So geben Sie nicht zu viel und nicht zu wenig Trinkgeld („Tip"):

Pflicht oder Extra?

Entscheidend für die Höhe ist, ob der Service im Preis inbegriffen war oder nicht. Im ersten Fall ist das Trinkgeld wirklich nur ein Lob für besonders gute Bedienung. Üblich sind dann fünf bis zehn Prozent des Rechnungsbetrags. Wer mehr gibt, wirkt schnell protzig. Bekommt das Servicepersonal dagegen nur ein geringes oder gar kein Grundgehalt (wie zum Beispiel in den USA), sind zehn Prozent Trinkgeld fast schon eine Beleidigung, 20 Prozent und mehr gelten vor allem in guten Restaurants als völlig normal. Und: Geben Sie Trinkgeld möglichst immer in bar, selbst wenn Sie die Rechnung bargeldlos mit Karte beglichen haben.

Trinkgeld für den Chef?

Der Chef braucht kein Trinkgeld – er verdient wahrscheinlich schon genug an seinen Angestellten. Haben diese Sie bedient, aber der Boss bringt persönlich die Rechnung, geben Sie ihm das Trinkgeld mit dem Hinweis „für Ihre Angestellten".

Wann ist der richtige Zeitpunkt?

In Restaurants, Taxis etc. ist klar: Trinkgeld gibt's mit der Rechnung (oder auch nicht). Das Zimmermädchen im Hotel freut sich über 5-10,- Euro schon beim ersten Zusammentreffen – und Sie finden vielleicht eine Extratafel Schokolade auf dem Kopfkissen.

Wer kriegt was extra?

Trinkgeld kann Wunder wirken – vor allem bei Leuten, die das münzenförmige Lob nicht gewohnt sind: Postbote, Parkplatzwächter, Automechaniker, Verkäufer ...

Wie gewinnt man die Schlacht am Büfett?

Egal, ob beim Frühstück im Hotel oder auf einer Gala: Hol-it-Yourself wird immer beliebter. So gewinnen Sie die Schlacht am (warmen und/oder kalten) Büfett:

Lageplan

Büfetts sind in der Regel von links nach rechts aufgebaut: erst Teller und Besteck, dann die Vorspeisen, warme Gerichte (Reihenfolge: Fisch, Geflügel, Fleisch), Käse und Desserts. Sparsame Gastgeber setzen zusätzlich aufs A-B-C-System: Teure Speisen (Klasse A) stehen weit hinten. Ohne sich über den Tisch zu legen, erreicht man dagegen die stark sättigende, billigere C-Klasse.

Startschuss

Wer bei den Worten: „Das Büfett ist eröffnet", noch nicht am Tisch steht, sollte sitzen bleiben und den ersten Andrang abwarten. Oder Sie essen antizyklisch: Gehen Sie zu den warmen Gerichten und machen eine kleine Portion Fisch zu Ihrem Starter. Wenn sich die Menschentraube von den Vorspeisen zu den Hauptgerichten verlagert hat, schlagen Sie bei den Antipasti zu ... Das Büfett ist zwar eine Einbahnstraße, trotzdem darf man einzelne Stationen gezielt ansteuern oder Unentschlossene überholen.

Gefechtsbeginn

Besteck in die linke Hand, Teller auch. Mit der rechten Hand wird aufgeladen – und zwar mit dem Vorlegebesteck, nie mit dem eigenen.

Freund und Feind

Lecker sieht ja alles aus. Trotzdem sollten Sie den Teller nicht überfrachten. Faustregel: maximal fünf Speisen pro Teller – und zwar aus der gleichen Kategorie (also zum Beispiel nur Vorspeisen). Extraregeln: bei den Hauptspeisen Fisch nie mit Geflügel oder Fleisch auf einen Teller packen, beim Dessert warm und kalt trennen.

Zweiter Angriff

Sie dürfen sich so lange Nachschub organisieren, wie es Ihr Magen mitmacht. Aber bitte immer ohne benutztes Gedeck. Holen Sie sich jedes Mal einen neuen Teller, frisches Besteck. Hat der unaufmerksame Service noch nicht abgeräumt, schieben Sie das alte Gedeck einfach in die Tischmitte.

Lagebesprechung

Warme Speisen werden oft von einem Koch frisch zubereitet oder aufgeschnitten. Sagen Sie ihm genau, was Sie wollen: wie viel, wie dick, das Endstück oder lieber eines aus der Mitte ...

Rohrkrepierer

Sah zwar lecker aus, schmeckt aber nach dem genauen Gegenteil. Aufessen ist keine Pflicht, lassen Sie den Rest einfach stehen und holen Sie sich etwas Neues. Bei guten Büfetts haben Sie dazu zwei bis drei Stunden lang Zeit, Schüsseln und Platten, die nur noch zu einem Viertel gefüllt sind, werden ersetzt. Fragen Sie daher ruhig das Personal nach Nachschub, statt sich mit dem Anstandsrest zufriedenzugeben.

Wie wird man beim Einkaufen immer gut beraten?

Die Frauen liegen Ihnen zu Füßen, hängen an Ihren Lippen und loben auch alles dazwischen ausdrücklich. Kurz: Ihnen kann keine widerstehen. Außer, Sie geben ihr Geld. So knacken Sie die fünf übelsten Verkäuferinnen-Varianten:

Die Motzige

Über dem Jeansregal hängt ein Schild „Keine Selbstbedienung". Doch eine Verkäuferin ist weit und breit nirgendwo zu sehen. Also suchen Sie selbst nach der richtigen Größe. Und siehe da: Eine der Damen des

Hauses scheint ihre Fingernägel fertig lackiert zu haben. Gerade rechtzeitig, um Sie anzuschnauzen, ob Sie nicht lesen könnten.

Strategie: Erschrecken statt entschuldigen. Fragen Sie sie nach Ihrem Namen, so, als ob Sie sich beschweren wollten.

Die Hochnäsige

Sie möchten sich nur mal umschauen. Doch sofort fragt eine Verkäuferin mit gerunzelter Stirn und abschätzigem Blick: „Kann ich Ihnen helfen?", wahlweise auch: „Was kann ich für Sie tun?" Übersetzung aus der Handelssprache: „Was haben Sie den eigentlich in meinem Geschäft verloren?"

Strategie: Schlagen Sie mit übertriebener Freundlichkeit zurück. Lassen Sie sich die ganze Kollektion zeigen, einen Kaffee servieren und lächeln Sie dabei. Sie kaufen nichts, Sie wollten sich ja nur mal umschauen.

Die Klette

Kaum überschreiten Sie die Ladenschwelle, heftet sich die Verkäuferin an Ihre Fersen, verfolgt Sie auf Schritt und Tritt und schaut Ihnen genau auf die Finger.

Strategie: Beschäftigen Sie die Laien-Detektivin. Lassen Sie sich die Artikel in allen Größen und Farben zeigen, schicken Sie sie von einer Ladenecke in die andere. So haben Sie Ihre Ruhe und Miss Marple ihren Kriminalfall. Zum Abschied fragen Sie sie, ob sie noch einen Blick in Ihren Rucksack werfen will.

Die Ignorantin

„Haben Sie den Kaschmirpulli auch noch in Blau?" – „Wenn er dort nicht liegt ...!". „Oder mit Rollkragen?" – „Müssen Sie halt suchen!"

Strategie: Nur nicht klein beigeben. Beschweren Sie sich über die Unaufmerksamkeit: „Möchten Sie auch was verkaufen oder stehen Sie hier nur zur Zierde rum?"

Die Unsichere

Da stehen Sie nun in einem viel zu grünen Anzug vor dem Spiegel, während die Verkäuferin Ihnen beteuert, wie gut das teure Stück Ihnen steht. Das Material? „Leinen. Äh, Schurwolle – glaub ich zumindest."

Strategie: Bei unsicheren Verkäuferinnen hilft nur eins: direkt sein. „Ich glaube, das ist nicht Ihr Spezialgebiet. Vielleicht kann mich eine Kollegin besser beraten?"

Mit welcher Taktik kriegt man den besten Preis?

Warum mehr zahlen als unbedingt nötig? Mit etwas Finger- und Zungenspitzengespür kann man so manchen Preis auch in rabatt-geizigen deutschen Läden unter die Schmerzgrenze drücken:

1. Treten Sie von Anfang an selbstsicher auf – informieren Sie sich zum Beispiel in einschlägigen Preisvergleichsportalen online vorab, was man anderorts für das Gleiche auf den Ladentisch legen muss. Es kann außerdem nicht schaden, wenn Sie bei den jeweiligen Fachbegriffen, etwa zur Technik oder zum Material, nicht völlig unbeleckt sind. Erst im zweiten Schritt sollte man dem Gespräch eine persönliche Note geben. Denn mit wachsender Sympathie des Verkäufers steigen auch Ihre Rabattchancen.
2. Der Lehrling ist zum Feilschen sicher der falsche Partner. Das gebietet nicht nur Ihre Feilsch-Ehre, sondern auch der gesunde Menschenverstand. Im Vier-Augen-Gespräch mit dem Abteilungsleiter sind garantiert eher Prozente drin.

3. Nehmen Sie den Verkäufer genau ins Visier. Signalisieren seine Worte, Mimik und Gestik, dass er in Ihnen keinen ebenbürtigen Verhandlungspartner sieht, sollten Sie das Ganze besser vertagen – neuer Verkäufer, neues Glück.

4. Rabattvorstellungen aus dem Reich der Gebrüder Grimm beleidigen jeden Verkäufer. Und haben Sie ihn erst mal in seiner Berufsehre verletzt, stehen die Signale endgültig auf Rot.

5. Das Geheimnis eines guten Feilschers ist, auch der Gegenseite das Gefühl zu lassen, sie habe ein gutes Geschäft gemacht. Agieren Sie mit Spaß am Zocken: „So viel wollte ich eigentlich nicht anlegen, sehen Sie eine Möglichkeit ...".
Tipp: Wenn Sie bar statt mit Plastikgeld zahlen, spart das Geschäft Gebühren.

6. Ein Kratzer am TV-Gerät, leichte Farbabweichungen beim Teppichboden? Na, wenn das mal kein Grund ist, den Preis rapide in den Keller rutschen zu lassen ... Die winzigen Mängel zu entdecken, kostet zwar Zeit, spart aber Kohle.

7. Ein Preisnachlass ist nicht drin? Dann fragen Sie doch nach einer Zugabe in Naturalien. Viele Händler legen auf Nachfrage noch etwas Extrazubehör obendrauf.

8. Die Guter-Käufer-schlechter-Käufer-Methode ist das Ass in Ihrem Ärmel: Sie wollen die Modelleisenbahn unbedingt haben, Ihre Freundin grummelt gut hörbar: „Völlig überflüssig!" und: „Viel zu teuer", bevor sie desinteressiert Richtung Schmuckauslage weiterzieht. Jetzt haben Sie beim Feilschen bessere Karten, denn zumindest die Solidarität des Verkäufers ist Ihnen gewiss.

Wie beschwert man sich effektiv?

Dem haben Sie jetzt aber so richtig die Meinung gesagt. Das senkt zwar Ihr Risiko zu platzen (und damit längerfristig sogar die Herzinfarktgefahr). Doch ob Sie Ihr eigentliches Ziel erreicht haben, ist eher zweifelhaft. So beschwert man sich ergebnisorientierter:

Informieren Sie sich über Ihre Rechte

Harte Fakten erzielen mehr Wirkung als starke Emotionen. Ihren großen Auftritt als Kämpfer für Ihr Recht sollten Sie also nicht nur überschlafen, sondern auch gut planen. Recherchieren Sie möglichst genau die Rechtslage und Entscheidungen in vergleichbaren Fällen. Und lassen Sie sich von jemandem beraten, der sich mit der Sache auskennt. Das muss nicht gleich ein (im Zweifelsfall nicht ganz billiger) Anwalt sein. In der Verbraucherzentrale Ihres Wohnorts finden Sie jede Menge Infobroschüren, Fachartikel und gegen eine geringe Gebühr auch eine konstruktive Rechtsberatung.

Zeit ist Recht

Es spielt keine Rolle, ob Behörde oder privates Unternehmen: Wer sich von der anderen Seite schlecht behandelt fühlt, sollte sich nicht lange ärgern oder ausweinen, sondern handeln. Denn für eine gültige Beschwerde bleibt einem nur eine kurze Zeitspanne (gegen Behördenentscheidungen muss man beispielsweise innerhalb von vier Wochen Widerspruch einlegen). Ist die Frist verstrichen, kommen Sie mit Ihrem Anliegen in etwa so weit, wie wenn Sie Ihrer Freundin die Abseitsregeln beim Fußball erklären wollen.

Der richtige Ansprechpartner

Was nützt es, die kleine Sachberaterin fertig zu machen, wenn die am Ende doch nur zu ihrem Vorgesetzten rennen kann? Fragen Sie als allererstes, wer für Ihre Beschwerde der richtige Ansprechpartner mit Entscheidungskompetenz ist.

SO MACHT MANN DAS!

Professionelle Schlichtung

Für viele Rechtsgebiete gibt es professionelle Schlichtungsstellen, die für den Verbraucher in der Regel sogar kostenlos sind. Das Beste daran: Bekommt die Gegenseite Recht, kann man in den meisten Fällen immer noch vor Gericht ziehen (umgekehrt sind Banken, Handwerker & Co. aber an den Schlichterspruch gebunden – auch wenn der ihnen noch so stinkt).

Telefon-Taktik

Wenn man eine lange Leitung zwischen sich hat, fällt das Beschweren oft leichter. Doch auch beim Telefonieren hängt der Erfolg von der richtigen Strategie ab:

1. Sprechen Sie klar, deutlich, selbstbewusst, dabei immer ruhig und freundlich. Das klingt banal, ist aber entscheidend. Denn die Akustik ist der einzige Eindruck, den der andere von Ihnen hat. Und gerade auf Distanz ist es wichtig, beim Gesprächspartner Sympathie oder zumindest Verständnis für das eigene Anliegen zu wecken.
2. Fragen Sie auf Ihrer Odyssee durch die Instanzen immer zuerst nach dem Namen des jeweiligen Gesprächspartners – und notieren Sie diesen. Das erleichtert Ihnen nicht nur den Neuanfang, falls Sie „rein zufällig" aus der Leitung fliegen. Es signalisiert dem anderen auch, dass alles, was er sagt, Konsequenzen für ihn haben kann.
3. Einen leibhaftigen Kunden, der sich beschwert, wird keiner einfach stehen lassen. Ein unangenehmes Telefongespräch abzuwürgen, ist da schon leichter. Bleiben Sie also hartnäckig, wenn man Sie auf einen Rückruf vertrösten will, oder verlangen Sie zumindest Name und Durchwahl des (angeblich) entscheidenden Ansprechpartners.
4. Bedanken Sie sich immer für das Gespräch – auch wenn es nicht besonders erfreulich war. Denn am Ende siegt meistens doch die Sympathie.

Kann man lernen, schlagfertiger zu reagieren?

„Entschuldigung, darf ich noch mal von vorne anfangen?" Pech gehabt: Das Leben ist härter als jedes Vorsprechen. Ob beim Meeting im Beruf oder im Bett: Erfolg hat nur, wer im entscheidenden Moment sofort voll da ist, auch nach dem Tritt in den Fettnapf immer die richtigen Worte findet und verbale Angriffe geschickt abwehrt. Die besten Strategien:

Gegenfrage

Wozu antworten, wenn man nichts zu sagen hat – weil das Thema peinlich ist, man sich selbst outen würde oder man einfach nicht mehr weiter weiß. Besser die Initiative zurück an den Absender schicken. Beispiel: „Liebst du mich wirklich?" – „Warum fragst du?" Diese Strategie ist immer erste Wahl, wenn man nicht so genau weiß, worauf der Gesprächspartner eigentlich hinauswill. Wer sofort „Klar!" sagt, schafft Fakten, die er später vielleicht wieder bitter bereut: „Weshalb willst du mich dann nicht endlich heiraten?"

Scheinantwort

Die Kunst, etwas zu sagen, ohne etwas zu sagen. Angesagt, wenn man sich keine Blöße geben möchte. Oder wenn das Gespräch droht, in Peinlichkeiten abzudriften. So geht's: Den Fragenden gezielt mit (Schein-) Informationen überfüttern, die mit dem eigentlichen Thema nur herzlich wenig zu tun haben. Und: ihn gnadenlos vollreden – für Pausen haben Sie später noch ausreichend Zeit. Das verringert die Gefahr, dass der andere nachhakt und nochmals auf den Ausgangspunkt zurückkommt. Und wenn doch: Mit: „Das habe ich Ihnen doch gerade beantwortet!", geben Sie ihm eine verbale Ohrfeige: Sie haben mir also überhaupt nicht zugehört!

Thema wechseln

Mit etwas Geschick können Sie den verbalen Fettnapf so schnell verlassen, dass noch nicht mal Ihre Fußspuren zurückbleiben: Nutzen Sie ein Wort oder Element aus einem der letzten Sätze mit einem beiläufig eingeflochtenen „Apropos" als Sprungbrett in ein neues Thema. Falls Ihnen auf die Schnelle kein neuer Dreh einfällt, können Sie auch einfach auf eines der Themen zurückkommen, mit denen Sie Ihr Gesprächspartner die letzte halbe Stunde schon voll Herzblut gelangweilt hat.

Zugeben

Manchmal hat der andere einfach recht. Daran führt selbst mit der besten Taktik kein Weg vorbei. Schlagfertigkeits-Profis gehen jetzt in die Offensive. Der Trick: Aus schlecht mach gut. Der Spot wird von der unangenehmen Wahrheit auf die positiven Aspekte der Geschichte gelenkt. Beispiel: „Sie sind eine halbe Stunde zu spät!" – „Deshalb habe ich die Zeit im Stau genutzt, unser Konzept von letzter Woche noch mal durchzuarbeiten. Dabei bin ich auf einige bedeutsame Schwachpunkte gestoßen ...".

Spiegeln

Das Grundprinzip: Gib's ihm zurück. Dabei jedoch einfach nur die Worte des Gesprächspartners nachzuplappern, wäre wenig erfolgreich. Für Schlagfertige taugen nur Verzerrspiegel, die das Gespräch in jede gewünschte Richtung lenken. Zum Beispiel, indem Sie die Gefühle des Gegenübers in Worte gießen („Du bist wohl sehr enttäuscht darüber, dass ..."), oder seine Aussagen mit einer starken Unter- oder Übertreibung wiederholen.

Umdefinieren

Dem anderen das Wort im Mund zu verbiegen, ist nicht gerade die feine Art. Außer, man stellt es so geschickt an, dass er es überhaupt nicht merkt. So funktioniert's: einen kleinen Teil der Aussage des Gesprächspartners wiederholen, gleichzeitig aber bewusst uminterpretieren.

Die Zauberformel: „Wenn Sie unter [Teil der Aussage des Gesprächspartners] verstehen, dass [Umdefinition im eigenen Sinn], dann haben Sie recht!" Beispiel: „Grins nicht so blöd!" – „Wenn du unter blöd grinsen verstehst, dass ich auch in schwierigen Situationen meinen Humor nicht verliere, hast du mal wieder voll und ganz recht!"

Unvorbereitet im Meeting? So merkt's keiner

- **Fragen ist Gold.** Stillsitzen und Mund halten? Mit dieser Masche können Sie höchstens noch bei einer Blondine Punkte sammeln („Er ist so geheimnisvoll ..."). Ihr Boss springt darauf garantiert nicht an. Besser: den anderen genau zuhören und nachhaken. Die Infos, die Sie so bekommen, käuen Sie dann, kombiniert mit Ihrem Fachwissen, wieder. Mit Fragen wie: „Können Sie das bitte spezifizieren?", entlocken Sie Ihren Kollegen die entscheidenden Fakten. Selbst wenn Sie so keine eigenen Ideen einbringen, hinterlassen Sie den Eindruck, dass Ihnen das Meeting mindestens genauso wichtig ist wie Veronas Spinatrezepte.

- **Konfrontation vermeiden.** Alle anderen sind besser vorbereitet als Sie – verbale Tiefschläge, die deren Vorschläge oder Kompetenz anzweifeln, landen garantiert in Ihren Weichteilen. Also, Mund zu bei allem, was dazu verleiten könnte, auszuloten, wie viel Sie eigentlich wirklich wissen. Sparen Sie sich auch Witzchen und Ironie auf Kosten anderer. Selbst wenn die Runde kurzzeitig wiehert vor Lachen, reizt das zum Gegenschlag. Und eins ist sicher: Sie bringen garantiert weniger geistiges Kampfgewicht auf die Waage als Ihr Gegner in diesem Ring.

- **Entwaffnend ehrlich.** Müssen Sie als Erster ran, hilft nur die Flucht nach vorn: „Mir fehlte leider die Zeit, mich angemessen vorzubereiten. Aber ich werde Ihnen so gut wie möglich aus dem Stegreif antworten!" Bieten Sie an, fehlende Infos nachzureichen, notieren Sie offene Fragen – und vergessen Sie ausnahmsweise nicht, diese später auch zu beantworten.

Lässt sich Kreativität lernen?

Sie haben keinen blassen Schimmer. Ihr Kollege sprudelt dagegen vor Ideen, die genau ins Schwarze treffen. Sie können sich jetzt grün und blau ärgern und gelb vor Neid werden. Oder sich mit diesen Kreativitätstechniken ganz alleine aus dem roten Bereich bringen:

Morphologie

Wer vor einer Denkmauer steht, muss sie in handliche Einzelsteine zerlegen. Dazu wird das Problem zunächst in einzelne Kategorien aufgeteilt (maximal sieben, sonst wird der Steinhaufen unüberwindbar). Sind zum Beispiel ungewöhnliche Ideen für den Betriebsausflug gefragt, sollten Sie sich unter anderem um Ziel, Aktivität und Termin Gedanken machen. Schreiben Sie diese Kategorien untereinander, rechts daneben jeweils alle Lösungen, die Ihnen einfallen. Zum Schluss müssen Sie nur noch herausfinden, wie man die vielen Einzelsteine, die Sie jetzt übersichtlich aufgelistet haben, am sinnvollsten zusammensetzt. Zu einer Idee, auf die Ihr Chef bauen wird.

Bionik

Gehen Sie in die Natur. Nur gedanklich (obwohl ja auch ein Spaziergang die eingestaubten Gehirnzellen durchpusten kann). Überlegen Sie, was in der Natur Ihrem Problem gleicht: In welchem Bereich funktioniert das, was bei Ihnen nicht klappt? Je mehr Analogien, also gemeinsame Prinzipien zwischen Ihrer Fragestellung und der natürlichen Antwort, Sie entdecken, desto besser.

Mind-Mapping

Was der Stammbaum für den potenziellen Erben, ist die Mind-Map für den kreativen Denker: Die optische Umsetzung in eine Karte erleichtert das Verstehen komplizierter Beziehungsverhältnisse. Sie werden durchschaubarer und strukturierter, man entdeckt plötzlich Lösungen, an die man anfangs nie gedacht hätte. So funktioniert die Technik: Mitten auf ein leeres Blatt (mindestens DIN A4) das Grundproblem schreiben, davon zweigen die Teilfragen ab. Für jedes neue Stichwort, jede Info, die einem zum Thema einfallen, gibt's eine neue Linie. Und ausgehend von diesen Hauptkästen, kommt Ihnen doch sicher noch ein ganzer Strauß von Unterpunkten in den Sinn ... farben und Symbole erleichtern später die Orientierung. Wichtig: Nicht lange überlegen, wo was hinkommt – das bremst den Kreativitätsfluss. Lieber eine zweite Mind-Map beginnen, wenn's zu unübersichtlich wird. Und haben Sie Mut zu Korrekturen: die beweisen, dass Sie das Problem inzwischen umstrukturiert haben und auf dem besten Weg sind, den Durchblick zu bekommen.

Reizwort-Analyse

Lassen Sie sich vom Zufall auf die Sprünge helfen: Fünf willkürlich im Duden gefundene Wörter dienen als Katalysator für den Geistesblitz. Zuerst nehmen Sie diese Reizwörter genau unter die Lupe (Was zeichnet sie aus, welche äußeren Merkmale haben sie?). Im zweiten Schritt entdecken Sie, was das Ganze mit Ihrem Problem zu tun hat. Fragen Sie sich: Was ist vergleichbar? Gibt es einen Punkt, der mich an etwas denken lässt, um das es auch bei meinem konkreten Problem geht?

Denkstühle

So viele Menschen, so viele Ideen. Also brauchen Sie sich nur in andere Menschen hineinzuversetzen, andere Standpunkte anzunehmen, um der Lösung näher zu kommen. Nehmen Sie zuerst die Perspektive des Träumers ein: Denken Sie über fantasievolle, flippige Lösungswege nach. Stellen Sie die Dinge auf den Kopf, beschäftigen Sie sich mit abseitigen Ideen. Ernsthaftes Nachdenken ist hier streng verboten. Alles wird notiert, dann geht's weiter auf den zweiten Stuhl (oft hilft es, wenn man dazu auch wirklich, nicht nur gedanklich den Platz wechselt): Der ist für den Realisten reserviert. Dieser schaltet den Verstand wieder ein, entwickelt die Ideen des Träumers weiter, ist planmäßig, vernünftig, pragmatisch. Zum Schluss begeben Sie sich auf den Kritiker-Stuhl: Alle Ideen, die es bis hierher geschafft haben, nimmt dieser schonungslos unter die Lupe: Was ist dran, lässt sich das wirklich umsetzen?

Was hilft, wenn man unvorbereitet eine Rede halten muss?

Vor Ihren Kumpels in der Kneipe sind Sie der geborene Alleinunterhalter. Aber jetzt, hier vor all diesen wichtigen Menschen plötzlich eine Rede halten? So ganz ohne Vorbereitung? Ihr Kopf ist mindestens so rot wie leer, die Zunge scheint gelähmt, der Rachen trockener als die Sahara und rauer als Sibirien. Das Problem einer Stegreifrede ist nicht, dass Sie nichts zu diesem Thema sagen könnten. Sondern, dass Sie die Gedanken strukturieren müssen. Der beste Weg dazu ist eine Reizwortkette:

1. **Frage:** Erläutern Sie als Erstes die Fragestellung, unter der Sie Ihre Stegreifrede abhandeln wollen („Warum lohnt es sich, diesen Kollegen heute zu würdigen?").

2. **Handlung:** Veranschaulichen Sie das Thema, indem Sie die Fragestellung mit möglichst plastischen Beispielen klarer machen („Warum mögen wir ihn? Was schätzen wir an ihm?").

3. **Beziehung:** Ein Bezug zu etwas Bekanntem oder Aktuellem könnte jetzt nicht schaden. Je mehr Zuhörer Sie damit in ihrer eigenen Welt abholen, desto besser („Jeder weiß, wie wichtig es ist, solch einen Mitarbeiter zu haben").

4. **Gefühl:** Höchste Zeit, die Emotionen Ihrer Zuhörer zu wecken. Das klappt in der Regel am besten mit Bildern, Analogien und Vergleichen („Durchgearbeitete Wochenenden, eine Vielzahl gemeinsamer Projekte – das verbindet!").

5. **Zeit:** Zum Schluss gibt's den obligatorischen Blick in die Zukunft: Was passiert, wenn alles beim Alten bleibt, was, wenn es sich ändert? („Hoffentlich werden wir ihn noch lange an unserer Seite haben!") Applaus – Dank – Setzen, 1.

Wie überspielt man einen Blackout?

Gerade wollten Sie zum Höhepunkt Ihres Vortrags ansetzen. Und nun das: nichts, ein schwarzes Loch. Und alle starren Sie an. So überspielen Sie geschickt den Blackout:

Ablenkung

Sie haben sich unterbrochen. Klar, schließlich mussten Sie sich ja kurz die Nase putzen („Entschuldigen Sie, mein Heuschnupfen ...!"), sich nach Ihrem Stift auf dem Boden bücken, mit einem Schluck Wasser den Frosch in Ihrem Hals ertränken ...

Mut zur Lücke

Haben Sie nicht erst kürzlich in einem Rhetorikbuch gelesen, dass man seinen Vortrag durch Pausen gliedern soll, dem Publikum die Chance zu Nachfragen geben soll? Bitte sehr, bitte gleich!

Zurück auf Start

Keine Ahnung, was Sie als Nächstes sagen wollten? Dann fassen Sie doch einfach nochmals zusammen, was Sie als Letztes gesagt haben. Mit etwas Glück finden Sie dabei auch den roten Faden wieder.

Neuanfang

Offenbar war das Thema doch nicht so wichtig, sonst hätte es sich fester in Ihre grauen Zellen eingegraben. Was hindert Sie also daran, das Thema einfach zu wechseln? Um Ihre Zuhörer nicht völlig vor den Kopf zu stoßen, könnte es allerdings nicht schaden, eine Überleitung à la: „Ich möchte jetzt auf einen ganz anderen Aspekt zu sprechen kommen ...” voranzustellen.

Das ist wahr

Wenn gar nichts mehr geht, hilft nur noch entwaffnende Offenheit. Mit: „Jetzt habe ich den Faden verloren, haben Sie ihn vielleicht irgendwo gefunden?”, haben Sie zumindest die Lacher auf Ihrer Seite. Und diese Entspannung der Situation reicht manchmal sogar aus, um den Blackout selbst zu überwinden.

Wie hole ich bei einer Gehaltsverhandlung mehr raus?

Alles hatte sich so gut entwickelt: Ihr Chef hat Ihre Leistungen gelobt und Ihnen eine Beförderung angeboten – kräftige Gehaltserhöhung inklusive. Doch ausgerechnet beim anschließenden Händedruck musste der Wecker losrasseln. Wer darauf wartet, dass der Traum Realität wird („irgendwann muss mein Chef doch merken, wie gut ich arbeite”), geht meist leer aus. Statt sich damit abzufinden, sollte man aktiv werden, um ein Gehaltsgespräch bitten. Diese Verhandlungsstrategien zahlen sich aus:

Die Vorbereitung

Der erste Schritt: Bestimmen Sie Ihren persönlichen Marktwert. Diese Faktoren entscheiden darüber, ob Sie sich die neue Freundin noch lange leisten können werden: Ihre Fähigkeiten und Kenntnisse, berufliche Erfolge aus der letzten Zeit, Erfahrungen, die Sie seit der letzten Gehaltsrunde gesammelt haben. Auch Ihre Persönlichkeit (zum Beispiel Selbstvertrauen, Fähigkeit zur Teamarbeit) und Initiative sind wichtige Pluspunkte. Beste Chancen haben Sie natürlich, wenn sich die Bedingungen, unter denen das jetzige Gehalt festgelegt wurde, geändert haben.

Die Verhandlungsspanne

Um zu wissen, was wirklich drin ist, müssen Sie wissen, was in der Branche gezahlt wird – fragen Sie zum Beispiel beim Berufsverband oder der Gewerkschaft nach. Welchen Spielraum die Firma hat, kann man an der wirtschaftlichen Situation sehen: Droht eine neue Kündigungswelle oder kam erst kürzlich ein Großauftrag rein? Als Faustregel gilt: Stimmen die persönlichen und betrieblichen Voraussetzungen, sind bis zu zehn Prozent mehr möglich. In der Regel ist es besser, mit der Bitte um ein Gehaltsgespräch nicht zu lange zu warten: Lieber öfter um eine kleine Erhöhung bitten, als nach sechs Jahren plötzlich um 500 Euro auf einen Schlag.

Der Termin

Timing ist die halbe Miete: Freitags verabschiedet sich auch Ihr Chef innerlich schon ab 11.32 Uhr ins Wochenende, Montag ist Schlechte-Laune-Tag. Die Uhrzeit kann ebenfalls zwischen „keinen müden" und „500 Euro" entscheiden: Die meisten Menschen haben am späten Vormittag und späten Nachmittag ein Leistungshoch – optimal für Argumentationen, die sich auszahlen. Wichtig sind aber auch individuelle Eigenheiten: Ist Ihr Chef beispielsweise Frühaufsteher oder sollte man ihn vor 11 Uhr nicht ansprechen? Und dann sind da noch die äußeren Faktoren: Auftragsflauten nerven jeden Vorgesetzten ebenso wie Stressphasen in der Urlaubszeit oder kurz vor Weihnachten – warten Sie lieber auf bessere Stimmung!

Die Verhandlung

Das berufliche Leistungshoch, gute Argumente und der ideale Zeitpunkt nützen wenig, wenn Sie in der eigentlichen Pokerrunde von einem Fettnäpfchen ins nächste treten. Die häufigsten Fehler:

- **Bedürfnisse.** Hinweise auf die Inflationsrate sind ebenso erfolglos wie die Schilderung Ihrer bedauernswerten familiären Situation. Damit erreichen Sie zwar mit etwas Glück das Taschentuch Ihres Chefs, aber nie seine Brieftasche.

- **Konjunktiv.** „Eigentlich dachte ich, wir sollten uns mal über mein Gehalt unterhalten", klingt unsicher und wenig zielstrebig. Besser: „Meine Leistungen haben sich sehr gut entwickelt, deshalb wünsche ich mir ein höheres Gehalt."

- **Vergleiche.** Dass „der Müller" auch eine Gehaltserhöhung bekommen hat, dürften Sie gar nicht wissen. Und dass Ihr Kumpel bei der Konkurrenz besser bezahlt wird, interessiert den Chef nicht – schildern Sie im Gehaltsgespräch nur die eigenen Stärken und Fähigkeiten.

- **Erpressung.** Wer durchblicken lässt, dass er „über gute Beziehungen nach oben" verfügt, lebt gefährlich. Genauso schlecht: direkt oder indirekt mit Kündigung drohen – der Chef könnte es akzeptieren. Blöd, wenn Sie dann mit einem Luschenblatt gepokert haben.

- **Halbherzigkeit.** Der Boss lobt zwar Ihre Leistung, wiegelt sie aber als selbstverständlich ab. Wer jetzt nicht nachhakt, seine Forderung mit Argumenten untermauern kann, hätte sich das Gespräch sparen können. Tipp: Hinweise auf die allgemein angespannte Wirtschaftslage immer mit den persönlichen Leistungen und Stärken kontern.

Die Zukunftsplanung

Ein Nein ist zwar ärgerlich, aber kein dramatischer Fehlschlag. Statt gereizt oder mit demonstrativem Unverständnis zu reagieren, sollten Sie den Chef jetzt nach den Ursachen für seine Ablehnung fragen. Anschließend richtet man den Blick in die Zukunft: Erkundigen Sie sich nach Perspektiven im Unternehmen und Leistungen, die Sie erbringen müssen, um weiter voranzukommen. Wenn Sie jetzt noch vereinbaren, sich zum Beispiel in einem halben Jahr nochmals zusammenzusetzen, gehen Sie zumindest mit einem positiven Signal aus der Verhandlung.

Wie kriegt man das Chaos auf dem Schreibtisch in den Griff?

Dass Sie Ihre Kaffeetasse nicht mehr finden, ist vorerst zu verkraften. Aber wie sollen Sie Ihrem Boss erklären, dass der 100.000-Euro-Auftrag wohl in einem der vielen Stapel auf Ihrem Schreibtisch verschüttgegangen sein muss? Höchste Zeit, Ihren Arbeitsplatz etwas effektiver zu organisieren:

Ausmisten

Bevor Sie überhaupt ans Organisieren denken können, müssen Sie Platz schaffen. Am besten mit einer Radikalkur: Leeren Sie die Schubladen auf dem Boden, garnieren Sie den Haufen mit dem, was auf Tischplatte, Fensterbrett oder Beistelltisch steht (vorher die Bürotüre zu schließen, könnte nicht schaden). Treten Sie danach ein paar Schritte zurück, um zu überlegen, wie Ihr Arbeitsplatz unter ergonomischen Gesichtspunkten abschneidet: Steht der Computer optimal? Kommen Sie überhaupt noch an Ihr Regal? Jetzt, wo alles leer ist, sind die Möbel leicht umgestellt.

Alles perfekt? Dann geht's weiter zu Anti-Chaos-Schritt Nummer 3: Werfen Sie aus dem Schlamassel am Boden alles weg, was Sie nicht unbedingt brauchen. Sortieren Sie Unwichtiges systematisch aus. Leute, die glauben, jeden Schnipsel irgendwann nochmals gebrauchen zu können, blockieren sich und ihre Arbeit. Sie können sich nicht entscheiden? Dann überlegen Sie, ob Sie die betreffenden Infos im Notfall auf einem anderen Weg wiederbeschaffen könnten. Wenn ja, fliegt die Akte weg. Wenn nicht, wird sie aufgehoben.

Einrichten

Alles, was jetzt noch da ist, wird auf verschiedene Arbeitsakten verteilt. Legen Sie für jedes aktuelle Projekt eine Mappe mit allen wichtigen Infos an. Aufgaben für die Zukunft oder bereits Erledigtes kommt in „Nachschlageakten" oder gleich ins Firmenarchiv. Ansonsten ist ab sofort auf Ihrem Schreibtisch nur noch Platz für drei Körbchen: Eingang, laufende Arbeit, Ausgang. Korb 1 und 3 sollten abends immer komplett geleert sein. Im Korb mit den laufenden Geschäften liegt nur, was Sie innerhalb der nächsten zwei Tage bearbeiten werden. Der Rest wandert in die Akten oder in eine Wiedervorlagemappe.

Systematisieren

Wer Ordnung hält, ist nur zu faul zum Suchen? Stimmt genau. Mit Farbmarkierungen, unterschiedlichen Hängeregistern und einem Indexsystem für Ihre Nachschlagewerke sparen Sie unnötige Suchzeiten. Wenn Sie jetzt noch darauf achten, dass alle Arbeitswerkzeuge (von der Maus bis zu den Heftklammern) immer einsatzbereit sind, können Sie Ihre Faulheit wirklich genießen.

Konservieren

Gratuliere, Sie haben das Schreibtischchaos in den Griff bekommen. Damit das auch länger als 24 Stunden so bleibt, dämmen Sie die Flut unnötiger Informationen ein (zum Beispiel, indem Sie sich aus unwichtigen Verteilern streichen lassen). Und entscheiden Sie sich zu mehr Entscheidungsfreudigkeit. Überlegen Sie möglichst immer gleich, ob Sie eine Angelegenheit ablehnen oder angehen wollen. Als Zwischenlösung für Arbeiten, die Sie nicht sofort erledigen wollen oder können, stellen Sie zumindest einen Zeitplan auf.

Wie schafft man es, ein Kaminfeuer in Gang zu bringen?

Das Bärenfell liegt bereit, jetzt müssen Sie nur noch das Holz im offenen Kamin zum Brennen bringen:

1. Nicht jeder Baum ist gleich gut geeignet, eine Hauptrolle beim romantischen Abend zu spielen. Weiches Holz (wie Esche, Tanne, Apfelbaum, Haselnuss oder Zedernholz) verbrennt schnell und mit heller Flamme. Die Wärmeausbeute ist groß, der Funkenflug leider auch. Optimal zum Anheizen. Hartes Holz (zum Beispiel Eiche, Buche, Birke, Ahorn) verbrennt viel langsamer, dafür schön gleichmäßig. Vorteil: jede Menge Holzkohle für ein langes und heißes Vergnügen. Harzhaltiges Holz (wie Kiefer) sollte nicht in den Kamin (zu starker Funkenflug), genauso wie Erle, Kastanie, Pappel oder Weide (sorgen eher für einen Schwelbrand im Kamin statt zu brennen).

2. Bevor Holz in den Kamin wandert, muss es trocken sein. Frisches Holz besteht zu fast 50 Prozent aus Wasser, optimal für die Flammen sind maximal 25.

3. Zwei Knäuel Zeitungspapier unter den Feuerrost (sorgt für die nötige Luftzirkulation und Sauerstoffversorgung) legen, ein drittes obendrauf.

4. Kleine Zündelleisten (Zweige oder Abfallleisten, zirka ein halben Zentimeter dick, 30 Zentimeter lang) pyramidenartig um die Papierkugel auf dem Kamingitter schichten.

5. Zwei kleinere Holzscheite (Spalthölzer) parallel oben drauflegen, ein drittes diagonal dazu darüber.

6. Wenn Sie sicher sind, dass der Rauchabzug geöffnet ist, setzen Sie mit einem Streichholz die Papierkugeln in Brand.

7. Das prasselnde Vergnügen ist in Gang gekommen? Dann überfüttern Sie es nicht. Immer erst neue Holzscheite auflegen, wenn mindestens die Hälfte der alten zu glühender Kohle geworden ist.

Kleinholz vor der Hütt'n

Den halben Baum werden Sie nur mit Mühe in den Kamin bekommen – so zerhacken Sie ihn in handliche Holzscheite:

1. Das Holzstück auf einen Hackklotz legen (im Idealfall flach, schwer und aus Eiche, Mindesthöhe 80 Zentimeter). Stellen Sie sich davor, die Beine leicht gegrätscht (etwas weiter als schulterbreit).
2. Die Axt mit leicht angewinkelten Armen etwa 30 Zentimeter über den Kopf halten, die starke Hand näher zur Schneide. Ist das die rechte Hand, halten Sie die Axt über die rechte Schulter, sonst über die linke.
3. Mit einem Simultationsschwung abmessen, ob Sie das Holz überhaupt treffen. Beim Auftreffen der Axt sollte der Stiel möglichst waagerecht in der Luft sein.
4. Jetzt können Sie zeigen, was die Stunden im Fitnessstudio wirklich gebracht haben. Tipp: Das Holz immer vom dünneren Ende her spalten. Weigert sich ein Stück, gleich zu zerspringen, spaltet man es mit seinem eigenen Gewicht: Die festsitzende Axt mit dem Nacken (= der dicken Seite) voran auf den Hackklotz schlagen.

Was hilft beim Wachbleiben?

Kein Hotelzimmer mehr gekriegt, der Boxkampf um 2 Uhr, eine Nacht mit sexy Simone – es gibt viele gute Gründe, wach zu bleiben. Diese Tricks können dabei helfen:

- Atmen Sie am geöffneten Fenster tief durch und tanken Sie frischen Sauerstoff.
- Eine kalte Dusche zwischen Haaransatz und Doppelkinn weckt den Kreislauf wieder auf.
- Bewegen Sie sich und sprechen Sie – am besten mit anderen, zur Not aber auch mit sich selbst (hört ja eh keiner zu).
- Koffein und Eiweiß sind jetzt ideale Wachhalter, kohlenhydratreiche Lebensmittel (egal, ob Chips, Schokolade oder Kekse) machen Sie nur müde.
- Pfefferminzdrops oder ein Stück Zitrone sorgen für Geschmacksreize, die garantiert jeden Schlummeranfall in die Knie zwingen.

Wie wird mein Leben grüner?

Okay, es hebt vielleicht nicht Ihre 17 Langstreckenflüge auf, die Sie dieses Jahr schon hinter sich bringen mussten. Aber schaden kann es Ihrem Umweltgewissen sicherlich nicht, sich an diese kleinen Öko-Tricks zu erinnern:

Weniger Müll

Trennen Sie, wenn Sie sich trennen: Bei Altpapier und Altglas ist ja wohl alles klar (außer vielleicht: Wohin mit den blauen Mineralwasserflaschen? Ins Grünglas!). Für organische Abfälle legen Sie, wenn möglich, einen Kompost an oder besorgen sich eine Biotonne (siehe auch Kasten). Verpackungen mit dem Grünen Punkt kommen in den gelben

Sack beziehungsweise in die gelbe Tonne – und zwar ungespült. Extratipp, damit viel reinpasst: leere Plastikflaschen aufschrauben, Luft rauspressen, Deckel wieder drauf.

Weniger Strom

Es geht um Kleinigkeiten – aber die haben in Summe eine große Wirkung, auch auf Ihre Stromrechnung. Das lohnt sich: Energiesparlampen einschrauben (reduzieren den Stromverbrauch um rund 80 Prozent bei gleicher Helligkeit), Halogenlampen nach Gebrauch immer ausstecken (ziehen laufend etwas Strom), Stand-by-Geräte ebenfalls, falls sie sich nicht ganz abschalten lassen. Nur mit Deckel kochen (spart bis zu 75 Prozent), am besten auf einem Induktionsherd (verbraucht im Vergleich zum herkömmlichen System 30 Prozent weniger Strom). Und wenn Sie Nudelwasser aufsetzen, nehmen Sie heißes Wasser aus dem Hahn – macht nochmal ein Drittel weniger. Übrigens: Umweltfreundliche Hausgeräte erkennt man an der Kennzeichnung der Energieeffizienzklasse. A++ verbraucht dabei beispielsweise 45 Prozent weniger Strom als ein Gerät der Klasse A!

Weniger Wasser

Für eine Füllung der Badewanne könnten Sie 13 Minuten duschen – mit einem speziellen Wasserspar-Duschkopf, in dem der Strahl mit Luft vermischt wird, sogar doppelt so lange. Ebenfalls großes Sparpotenzial bieten ein Spülstopper an Ihrer Toilette, ersatzweise ein Backstein im Spülkasten, sowie eine neue Waschmaschine (ältere Modelle brauchen bis zu 135 Liter Frischwasser pro Waschgang, neue Technik schafft 5 Kilo Wäsche mit 35 Litern!). Und reparieren Sie den tropfenden Wasserhahn (siehe Seite 145) – er verschwendet in einem Jahr 10.000 Liter! Bei der Gelegenheit tauschen Sie die alte Heiß-kalt-Armatur gegen einen Einhandmischer aus. Damit lässt sich die Temperatur schneller regulieren, es läuft nicht unnötig viel heißes oder kaltes Wasser unnütz in den Ausguss.

Biotonne ohne Bäääh

1. Bioabfälle sammeln Sie in der Küche in einem kleinen, verschließbaren Plastikbehälter.

2. Legen Sie den Küchenbehälter und die leere Biotonne großzügig mit Papier aus – das absorbiert die Feuchtigkeit von nassen Abfällen.

3. Die Biotonne braucht einen schattigen Standplatz, auch im Winter. Sonnenbestrahlung beschleunigt den Gärprozess, es kann zu Madenbefall und Schimmelbildung kommen.

4. Über feuchte Abfälle immer etwas Kalkstickstoff streuen, um Insektenlarven vorzubeugen. Alternative: Erde.

5. Waschen Sie den Küchenbehälter und die Biotonne regelmäßig aus, am besten mit Essigwasseressenz (wirkt antibakteriell).

DAS SIEHT GUT AUS! 2

15 wirklich schöne Fragen

Worauf kommt es beim Anzugkauf wirklich an?

Das letzte Mal haben Sie bei Ihrer Konfirmation? Na, dann wird es aber höchste Zeit, sich einen neuen Anzug zu leisten. Weil das alte Stück nicht mehr übermäßig modern geschnitten ist. Und weil Sie mit Hochwasserhosen und superkurzen Manschetten keine allzu gute Figur machen dürften (vom Problem, die Hose zu schließen, ganz zu schweigen). So klappt der Anzugkauf von der Stange:

Die Grundlagen

Wozu brauchen Sie den neuen Anzug eigentlich? Ins Büro, für die Bar oder hat man Sie womöglich sogar zum Jawort erpresst? Je klarer Sie sich über den Einsatzzweck sind, desto besser kann Ihnen ein Verkäufer helfen.

Das Preislimit

Legen Sie vorher fest, wie viel Geld Sie für den Anzug ausgeben möchten. Mit einem Fuffi werden Sie allerdings höchstens beim Kostümverleih glücklich werden.

Die Größe

Ausnahmsweise hängt auch bei Ihnen alles von der Oberweite ab: Bei Normalfigur entspricht die Anzuggröße dem halben Brustumfang (Beispiel: 96 Zentimeter Brustumfang = Anzuggröße 48). Untersetztere Typen teilen diesen Wert noch durch vier (= Größe 24), schlanke Männer addieren zum vollen Brustumfang die Zahl 2 (= Größe 98).

Die Form

Eine oder zwei Knopfreihen? Einreihige Anzüge verwandeln große, schlanke Männer leicht in eine Bohnenstange, Zweireiher nehmen kleinen Männer optisch den Rest an Größe. Außerdem wichtig: Ihre Grundform. Haben Sie breite Schultern und eine schmale Taille, gratulieren wir und raten zu einem Anzug, der Ihre natürliche Silhouette betont (zum Beispiel ein taillierter zwei- oder dreiknöpfiger Einreiher mit eng geschnittener Hose). An geraden Bodys (Schultern und Hüften bilden etwa eine Linie) sehen schmale, aber auch etwas weiter geschnittene Anzüge top aus (Tipp: Zweiknopf-Einreiher mit leichter Taillierung). Ach, Ihre Schultern sind eher schmal geraten? Dann helfen Sie mit Schulterpolstern nach, zum Beispiel in einem Zwei- oder Einreiher mit spitzem Revers, dazu eine locker geschnittene Bundfaltenhose. Wer seine kleinen Sünden nach wie vor auf den Rippen trägt, kann dies durch einen weit geschnittenen Anzug kaschieren (wie wär's mit einem weit geschnittenen Zweiknopf-Einreiher – am besten dreiteilig, denn auch Westen strecken an den entscheidenden Stellen ungemein).

Der Verkäufer

Allein stehen Sie ziemlich hilflos vor der Anzugstange. Mit einem schlechten Verkäufer geht es Ihnen allerdings auch nicht viel besser. Deshalb testen Sie den Kandidaten: Lassen Sie Ihre Größe schätzen (muss ein geschulter Verkäufer ohne Nachmessen erkennen) oder fragen Sie ganz nebenbei, von welchem Tier eigentlich Kaschmirwolle stammt (von einer Hochlandziege). Wenn er jetzt noch weiß, wann das Vieh geschoren wird (gar nicht, die Wolle wird beim natürlichen Fellwechsel von Hand ausgekämmt), können Sie ihm blind vertrauen.

Der Stoff

Egal, ob Wolle, Leinen oder Baumwolle: Hauptsache rein. Bei Mischgeweben sollte man nur Naturmaterialien untereinander mischen. Das Preissegment spielt keine Rolle: Kaufen Sie immer den teuersten Stoff. Der hält länger und sieht meistens auch besser aus. Qualitätstest: Drücken Sie den Stoff am Ärmel mit der Hand fest zusammen. Bleibt er danach knittrig, dann lassen Sie den Anzug besser hängen (Ausnahme: Leinen).

Die Verarbeitung

Sichtbare Zeichen für schlechte Billigware sind lockere Knöpfe, schlechte Nähte, lose Einlagen und verschiedene Farben und Stoffe bei Ärmel- und Innenfutter.

Die Anprobe

Ein Anzug, der perfekt sitzt, schlägt keine Nackenfalte. Die Ärmel sollten die Hemdmanschetten zirka einen Zentimeter sichtbar lassen, die Hose Ihre Schuhe nicht ganz verdecken.

Welche Krawatte passt dazu?

Oben ohne kann zwar manchmal sehr schön aussehen. Doch es gibt einfach Situationen, in denen ein Mann nicht ohne Krawatte erscheinen sollte. Aber welche soll man sich unter den Kragen knoten? Halten Sie sich bei der Wahlentscheidung einfach an diese Grundregeln:

Länge

Standard sind 132 bis 142 Zentimeter. Mit einem Knoten wird daraus eine Krawatte, deren Spitze exakt bis zur Gürtelschnalle reicht.

Breite

Zwischen 2 und 15 Zentimeter war alles schon mal angesagt. Wer sicher gehen will, trägt zeitlose Idealmaße: 9,5 bis 10 Zentimeter.

SO MACHT MANN DAS!

Material

Mit Seide stehen Sie immer auf der richtigen Seite.

Farbe

Es könnte nicht schaden, wenn zumindest ein Farbton von Hemd und Krawatte übereinstimmt – Bedingung ist das allerdings nicht. Prinzipiell gilt aber: Die Krawatte sollte dunkler sein als das Hemd.

Muster

Anything goes – solange es keine Comicfiguren sind. Alles hängt davon ab, wie experimentierfreudig Sie sind. Auch Streifen zu Karohemden

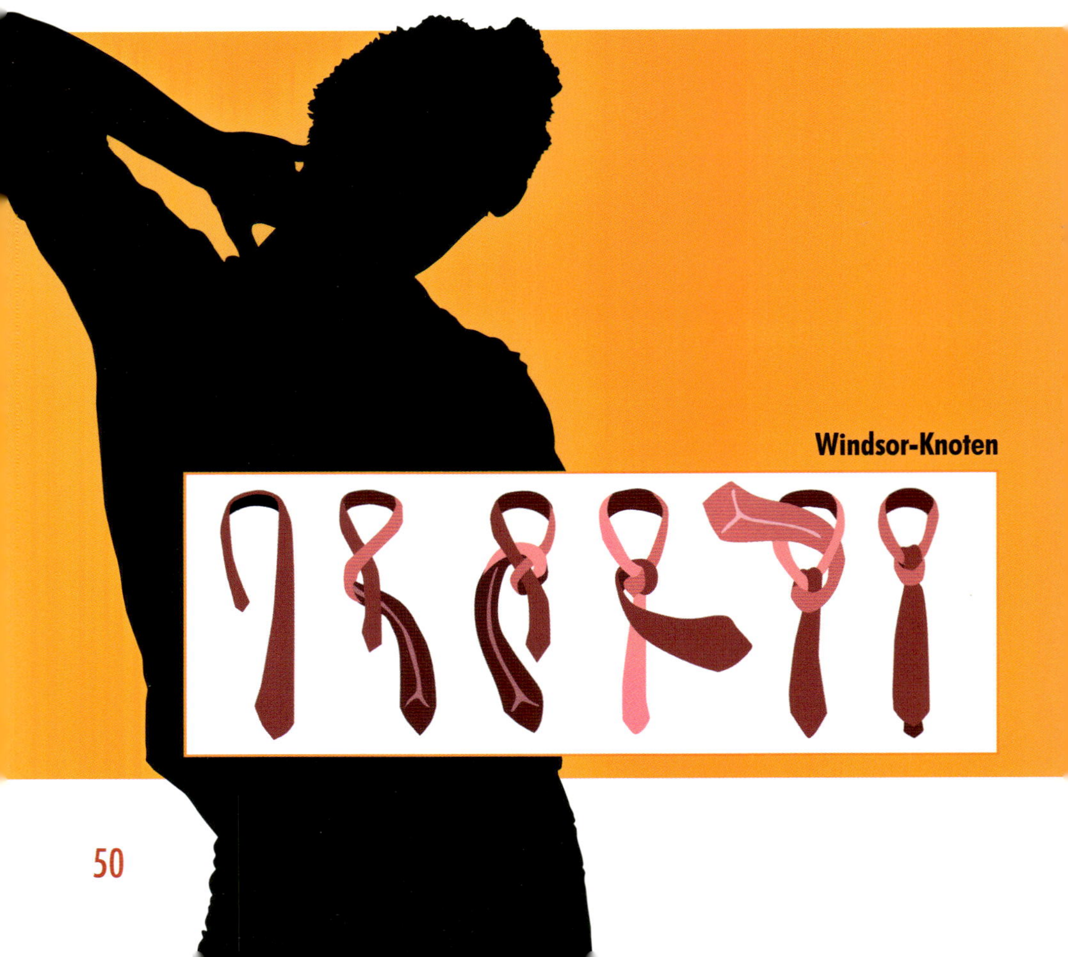

Windsor-Knoten

können gut aussehen, wenn es die richtigen sind. Seit einiger Zeit angesagt: einfarbige Krawatten zu einfarbigen Hemden im selben Farbton. Echte Klassiker sind diagonale, zirka anderthalb Zentimeter breite Streifen („englische Regiments- oder Collegestreifen“). Falls Sie sich nicht fürchterlich blamieren wollen, passen Sie allerdings auf, dass die Streifen von der linken Schulter zur rechten Hüfte zeigen!

Knoten

Bilder sagen mehr als umständliche Worte – drei Krawattenknoten, die selbst bei Ihnen nicht danebengehen:

Four-in-Hand-Knoten

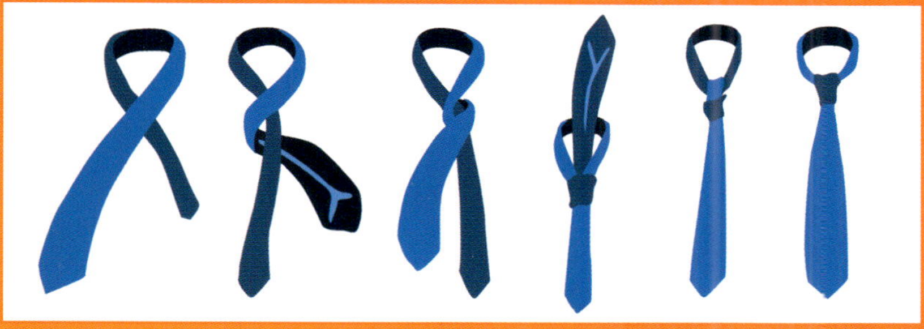

Shelby-Knoten

Was geht modisch immer in die Hose?

Sie wollen bei Ihrer neuen Flamme einen guten Eindruck hinterlassen? Dann riskieren Sie einen kritischen Blick in den Spiegel, bevor Sie aus dem Haus gehen.

Weiße Socken

Auch wenn der Zehnerpack nur noch 5,99 Euro kostet: Weiße Socken sind tabu, ein Mann mit einer Spur modischen Geschmacks wird von oben nach unten dunkler. Investieren Sie Ihr Geld also lieber in schwarze Socken oder Stofffarbe. Ausnahme: Sie treffen sich zum Joggen oder Squashen. Denn beim Sport sind weiße Fußüberzieher natürlich weiterhin o. k.

Comic-Klamotten

Spätestens, wenn sie später am Abend nicht nur zu Ihrer Krawatte (Donald!) und Ihren Socken (Bart Simpson!), sondern auch zu Ihren Boxershorts (rammelnde Osterhasen!): „Ach wie süß!", sagt, sollten Sie sie wechseln. Die Klamotten und die Frau.

Krawatte zu Polohemden

Polohemden kommen vom Polo – und da würde eine Krawatte durch den Fahrtwind (oder heißt das Reitwind?) dem Spieler die Sicht nehmen. Doch nicht nur deshalb trägt man die Freizeitshirts „ohne" – Krawatte plus Polohemd sieht einfach bescheuert aus.

Kurze Hosen und falsches Schuhwerk

Nicht jede Wade eignet sich, das Tageslicht zu erblicken. Und selbst wenn Sie zu den seltenen männlichen Exemplaren gehören, deren nackte Beine Frauenherzen höher schlagen lassen, bleiben Ihre Gesundheitslatschen im Schuhschrank. Erlaubt sind dagegen Segel- und Sportschuhe, Designersandalen, aber auch derbe Stiefel.

Ungebügelte Hemden

So viel Zeit oder Geld sollte schon sein – selbst, wenn nur wenige Quadratzentimeter unter dem Anzug hervorschauen. Irgendwann wollen Sie den doch ablegen, oder?

Zugeknöpft

Knöpfe sind zum Schließen da – im Prinzip ja, allerdings nicht alle: Hat ein Sakko drei Knöpfe, wird nur der mittlere geschlossen, bei vier Knöpfen die mittleren beiden (man darf auch nur den unteren offen lassen). Und lassen Sie bloß die Finger vom untersten Knopf der Anzugweste!

Ungeputzte Schuhe

Frauen schauen einem Mann zuerst in die Augen, dann auf den Bauch, dann auf die Schuhe. Versuchen Sie, wenigstens bei einer der drei Stationen Pluspunkte zu sammeln – Schuhcreme gibt's in jedem Supermarkt (Genaueres steht auf Seite 70).

Geldbeutel in Hosentasche

Toll, dass Sie eine dicke Brieftasche haben. Weniger toll, dass die Ihre Hosentaschen ausbeult und so Ihrem Knackarsch jede Chance auf Bewunderung raubt.

Zu kurze Socken

Nackte Haut kann antörnen – aber nicht, wenn Sie im Sitzen zwischen Hosenbein und Sockenrand aufblitzt, garniert mit etwas Beinbehaarung. Deshalb: Schluss mit Hochwasserhosen und Socken auf Halbmast.

Altmodische Slips

Zeig mir deine Unterwäsche und ich sag dir, was du für ein Mensch bist. Ach, Sie sind kleinkariert, altmodisch und ausgeleiert?
Na, gratuliere!

Wie sieht der perfekte Kleiderschrank aus?

Wo sind bloß die schwarzen Strümpfe? Hinter den Calvins waren sie nicht, unter den weißen Hemden nicht – vielleicht bei den Gürteln. Aber wo sind die eigentlich? Höchste Zeit, dass Sie in Ihrem Kleiderschrank für Ordnung sorgen!

Ausmisten

Auch wenn's nicht einfach ist: Trennen Sie sich von allem, was abgetragen, zu eng oder zu schlabberig oder absolut out ist. Was seit einem Jahr Ihren Schrank nicht mehr verlassen hat, wird es auch in Zukunft nicht mehr tun – ab damit in die Altkleidersammlung!

Hängen

Die Klamotten auf Bügel zu hängen sorgt für mehr Übersicht und vermeidet Legefalten. Pflicht ist das für Sakkos (die Stange muss etwa 110 Zentimeter über dem Boden hängen) und Krawatten, gut ist es für Hosen und Hemden.

Legen

Polos, T-Shirts und Pullover stapeln – aber nie höher als 40 cm.

Verstauen

Schubläden oder Körbe für Unterwäsche, Socken, Handtücher etc. sollten mindestens 20 Zentimeter hoch sein, sonst passt nichts rein. Vorteil von Körben: Leicht feuchte Wäsche kann besser nachtrocknen, Staub fällt durch.

Einlagern

Winterkleidung können Sie im Sommer auslagern – und umgekehrt. Am sichersten geht das in speziellen Vakuumverpackungen – Aufbewahrungssystemen, aus denen man die Luft per Staubsauger entzieht. Dort sind Ihre Lieblingsklamotten nicht nur vor Staub, Ungeziefer und Feuchtigkeit geschützt, sie nehmen auch weniger Platz weg. Egal, ob im Vakuum oder einfach so: Damit Kleidungsstücke nicht ausbleichen, muss man sie vor der Sonne schützen, zum Beispiel in einem ungenutzten Koffer. Mäntel und Anzüge sollte man übrigens grundsätzlich hängend lagern, am besten in atmungsaktiven Kleidersäcken.

Mottenmord

Haben Sie sich was eingefangen? Damit die Schädlinge sich nicht den Sommer über durch Ihren Norwegerpullover fressen, sollten Sie sie abtöten – und zwar im Backofen, eine Stunde bei 60° C. Vorsicht: Synthetikfasern schmelzen Ihnen bei dieser Temperatur weg. Hier hilft ein Kälteschock: Klamotten in eine Plastiktüte legen und einen Tag lang einfrieren. Und ab sofort lüften Sie getragene Kleidungsstücke immer gut aus, bevor sie in den Schrank kommen, wo sie bereits von einem angenehmen Duft nach Lavendel oder Zedernholz erwartet werden ...

Wie wäscht man seine Wäsche?

Der Dreisatz zur sauberen Wäsche lautet: in die Wäscherei bringen – bezahlen – heimtragen. Sollten Sie Wäschereien allerdings grundsätzlich misstrauen oder mit Ihrem Geld die Wirtschaft lieber auf eine andere Art und Weise ankurbeln wollen, hätten wir da noch einen Alternativvorschlag in drei Schritten für Sie:

1. Sortieren

Klar können Sie alles in eine Trommel packen. Aber wundern Sie sich nicht, wenn Brauntöne künftig Ihr Outfit dominieren werden (siehe auch „Wäsche entfärben", Seite 60). Besser also, Sie sortieren Ihre

Waschen.

Maschinenwäsche. Die Zahl im Bottich gibt die höchstzulässige Waschtemperatur in Grad Celsius an.

Das Wäschestück muss im Schonwaschgang gewaschen werden. Gleichzeitig muss die Belastung der Waschmaschine mindestens um ein Drittel reduziert werden. Dadurch wird das Kleidungsstück weniger mechanisch belastet, der Wasserstand ist höher und das Programm bleibt im Spülstopp stehen.

Das Wäschestück muss im Wollwaschgang gewaschen werden. Gleichzeitig muss die Belastung der Waschmaschine mindestens um die Hälfte reduziert werden. Hier ist die mechanische Belastung noch geringer als im Schonwaschgang, auch hier bleibt das Programm im Spülstopp stehen.

Nicht waschen.

Keine Maschinenwäsche, nur Handwäsche. Wassertemperatur 30 bis 40 Grad Celsius. Kein Liegenlassen, kein Rubbeln und Wringen. Fein- oder Wollwaschmittel verwenden.

Bleichen.

Chlorbleiche mit handelsüblichen Mitteln ist erlaubt.

Nicht chloren und auch keine chlorhaltigen Fleckentferner verwenden.

Bügeln.

Heiß bügeln, bis maximal 200 Grad Celsius (Stufe 3), zum Beispiel Baumwolle, Leinen.

Mäßig heiß bügeln, bis maximal 150 Grad Celsius (Stufe 2), zum Beispiel Wolle, Seide, Viskose, Polyester, Modal.

Nicht heiß bügeln, bis maximal 110 Grad Celsius (Stufe 1), zum Beispiel Polyamid, Polyacryl, Acetat.

Nicht bügeln.

Chemisch reinigen.

Alle üblichen Lösemittel und Reinigungsverfahren, auch Münz- und Kiloreinigung möglich.

Perchlorethylenreinigung, Kiloreinigung mit Vorbehalt.

Schonendes Reinigungsverfahren. Kilo- und Münzreinigung nicht möglich.

Der Balken unter dem Chemischreinigungssymbol mit P oder F bedeutet – wie beim Waschsymbol – die Notwendigkeit einer schonenderen Behandlung (weniger mechanische Belastung, niedrigere Trocknungstemperatur).

Chemisch reinigen nicht möglich.

Trocknen im Wäschetrockner (Tumbler).

Normale Trocknung.

Schonende Trocknung mit reduzierter Temperatur.

Nicht im Haushaltswäschetrockner trocknen.

Schmutzwäsche in übersichtliche Häufchen: nach Farben und der Temperatur, die das gute Stück maximal verträgt. Wie viel das ist, verrät ein Blick aufs Etikett. Das haben Sie schon lange rausgeschnitten? Als Faustregel gilt: Feinste Gewebe aus Natur und Synthetik vertragen maximal 30° C, Feines aus Synthetik, Seide und Kunstseide kann meist auch 40° C ab. Farbige Wäschestücke aus Baumwolle, Leinen sowie Hemden aus Kunstfasern sind bei maximal 60° C gut aufgehoben, bei Weißem aus Baumwolle und Leinen darf es auch etwas mehr sein – muss es aber nicht.

2. Waschen

Lassen Sie sich von der Vielzahl der Programme Ihrer Waschmaschine nicht verwirren. Denn eigentlich brauchen Sie nur drei davon: Handtücher, Unterwäsche und Bettzeug werden bei 60° C gewaschen. Bei 30 bis 40° C kommen T-Shirts, Socken, Jeans oder Baumwollpullis in die Maschine – vorsortiert, versteht sich. Für Ihre Hemden ist der 40° C-Feinwaschgang ideal (und wo Ihre feinen Wollpullis und -Cardigans landen, verraten wir auf Seite 59).

Empfindliche Kleidungsstücke sollte man vor dem Waschen immer auf links drehen (also das Innere nach außen kehren). Vorsicht: Wäschestücke in intensiven Tönen können bei den ersten Aufenthalten in der Maschine ausfärben – waschen Sie diese daher zumindest anfangs am besten isoliert.

Geht die saubere Wäsche im Kleiderschrank aus, für eine Maschinenladung ist aber noch zu wenig im Wäschesack, kommt die Spartaste an Ihrer Maschine zum Einsatz: Weniger Wasser läuft in die Trommel, der Waschgang wird verkürzt.

Jetzt brauchen Sie nur noch das richtige Waschmittel – mit maximal drei Packungen kommen Sie definitv aus: ein Vollwaschmittel für die

60° C-Wäsche, ein Color- oder Feinwaschmittel für 30 bis 40° C und eventuell ein Wollwaschmittel für Pullover & Co.

Flüssigwaschmittel enthalten übrigens einen hohen Anteil an waschaktiven Substanzen (Tenside), dafür fehlen ihnen Bleichmittel. Mit fett- und ölhaltigen Flecken werden sie deshalb sehr gut fertig, farbstoffhaltige Verschmutzungen (zum Beispiel Rotwein, Gras oder Kaffee) bringen sie dagegen ganz schön in die Bredouille (doch auch dafür naht Hilfe: siehe Seite 61).

Ob Sie zusätzlich zum normalen Waschmittel noch einen Weichspüler in die Maschine kippen, ist Geschmacks- oder vielmehr Gefühls- und Geruchssache. Zudem wird die elektrostatische Aufladung von synthetischen Kleidungsstücken reduziert, der Faserabrieb soll um bis zu 20 Prozent gesenkt werden (auf Deutsch: die Klamotten halten länger). Die Gegenargumente der Weichspülkritiker: unnötige Umweltbelastung. Und: Die Kleidungsstücke können nach dem Bad im Flauschigmacher nicht mehr so viel Schweiß aufsaugen. Für Ihre Funktionsklamotten sind normale Weichspüler daher tabu!

3. Trocknen

Sie mögen es bequem? Dann leisten Sie sich doch einen Wäschetrockner. Sein Vorteil: Die Wäsche kann selbst beim dicksten Novembernebel schnell zurück in den Schrank – und wird als Zugabe sogar schön flauschig. Sein Nachteil: Wäschetrockner sind nicht gerade billig, verbrauchen ordentlich Strom (im Schnitt 3 kWh pro Durchgang), und nicht jedes Kleidungsstück kommt hinterher so schön raus, wie Sie es reingesteckt haben: Entdecken Sie im Wäscheetikett einen durchgestrichenen Kreis in einem Quadrat, droht der Aufenthalt im Trockner zur Schrumpfkur zu werden. Bei einem Punkt im Kreis sollten Sie den Trockner im Schongang laufen lassen, bei zwei Punkten dürfen Sie Vollgas geben.

Sie bevorzugen beim Trocknen die Naturvariante? Dann achten Sie darauf, dass die feuchten Kleidungsstücke nicht im eigenen Saft hängen. Denn das A und O beim Wäschetrocknen ist Luftbewegung. Wind oder ein geöffnetes Fenster verkürzen die Trockenzeit und verhindern so, dass die Klamotten anfangen zu müffeln. Wie viel Wäsche Sie später bügeln müssen, hängt übrigens davon ab, wie sorgfältig Sie diese aufhängen. Jede Falte, die Sie jetzt übersehen, rächt sich später.

Darf ich Wollpullis in der Maschine waschen?

Die Farbe? Passt wunderbar zu Ihren Augen. Die Größe? Bringt den Bizeps optimal zur Geltung. Das Material? Auf den ersten Blick grob, auf den zweit sehr zart – genau wie Sie. Der Pullover ist gekauft. Erst als seine Premiere in der Waschmaschine bevorsteht, kommen Ihnen leichte Zweifel: Darf Wolle überhaupt in die Maschine?

Hängt davon ab, was das Etikett zulässt: „Dry clean only" oder ein durchgestrichener Waschbottich signalisiert „waschen streng verboten" (siehe Übersicht Seite 56). Der Pulli ist nicht wasserfest, verlangt eine Profireinigung mit Lösungsmitteln. Eine Hand im Wasser rät dagegen zur Handwäsche. Mit diesen Tipps können Sie sich den Extraaufwand zumindest im zweiten Fall sparen und ihn in die Waschmaschine schmuggeln – denn das ist vor allem bei neuen Maschinen meist sogar schonender als das Rubbeln und Wringen im Waschbecken:

1. Den Pullover bereits vor dem Wurf in die Trommel nass machen. So verhindern Sie, dass Ihr Waschmittel zu aggressiv gegenüber den Fasern auftritt.
2. Dann den Pullover auf links drehen und ab damit in einen (alten) Kopfkissenbezug, den man zuknöpfen kann. Vorteil: Die Stoffhülle schützt den Pullover vor allzu rauer Behandlung durch die Waschmaschinentrommel.

3. Statt zu den Megaperls mit Turbo-Power greifen Sie heute mal zum extra-sanften Wollwaschmittel. Machen Sie sich allerdings keine Hoffnungen, auf der Rolltreppe von wildfremden Leuten angesprochen zu werden, die fragen, ob der Pullover neu ist – das passiert höchstens super-flauschigen Frauen. Ach ja, bevor wir es vergessen: Die richtige Waschtemperatur ist kalt, der Schleudergang tabu!
4. Nach dem ganzen Stress darf sich zumindest einer im Liegen erholen: Ihr Pullover. Legen Sie ein Handtuch auf den Wäscheständer und ziehen Sie den Pullover darauf zum Trocknen in die richtige Form. Notlösung, falls Ihnen der Platz zum Ausbreiten fehlt: Das Handtuch mit dem in Form gezupften Pullover aufrollen und diese Rolle quer zur Wäscheleine aufhängen.

Was tun mit verfärbter Wäsche?

Kaum lassen Sie die Hosen runter, fängt Ihre neue Flamme schallend an zu lachen. Dabei haben Sie doch wirklich alles getan, eine gute Figur zu bekommen (um selbige im entscheidenden Augenblick zu machen). Aber wahrscheinlich hätten Sie einen Teil der Zeit, die Sie Kurzhanteln und Langlauf gewidmet haben, lieber ins Sortieren Ihrer Wäsche inves-tieren sollen. Vielleicht wäre dann das rote T-Shirt nicht zur Unter-wäsche in die Maschine gerutscht, Ihre Boxershorts noch weiß statt schweinchenrosa.

Gut, dieses Mal ist die Sache gelaufen. Doch wenn Ihnen das nächste Mal jemand an die Wäsche geht, ist diese garantiert wieder weiß:

- Waschen Sie die verfärbten Kleidungsstücke möglichst gleich noch mal. Und zwar so heiß, wie es das Etikett nur irgend zulässt.
- Wenn das alleine noch nichts bringt, geben Sie beim nächsten Durchgang eine ordentliche Portion Gallseife oder Bleiche mit in die Maschine.

- Ist immer noch ein Hauch Rosa zu erkennen? Dann nichts wie ab mit den ex-weißen Dessous in ein Entfärbebad (gibt's in Supermärkten und Drogerien).

Wie kriege ich den Fleck weg?

Eine heiße Nacht hinterlässt so ihre Spuren – vor allem auf Hemd und Hose. Falls Sie das Kleidungsstück nicht als Trophäe unangetastet lassen wollen, sollten Sie es möglichst schnell waschen. Gallseife (zum Beispiel aus der Drogerie, gibt's inzwischen auch als praktische Roll-on-Flasche) vorher auftragen und eventuell leicht einreiben.

Doch nicht immer reicht diese Behandlung aus – gut, wenn man für Spezialfälle gerüstet ist. Vorsicht: Egal, ob Sie einen Blutfleck oder Kerzenwachs entfernen wollen, immer erst an einer unauffälligen Stelle ausprobieren, ob nur der Fleck oder auch die Farbe aus Hemd oder Hose verschwindet. Test bestanden? Dann tupfen oder reiben Sie mal schön (in kreisenden Bewegungen):

Blut

Wasser marsch – und zwar kaltes! Lassen sich trotzdem noch Fleckenreste erkennen, dem verbluteten Kleidungsstück vor dem rettenden Aufenthalt in der Maschine ein Bad in kaltem Salzwasser gönnen.

Brandfleck

Solange die Fasern noch nicht verbrannt sind, können Sie auf Rettung hoffen. Die naht bei weißen, kochfesten Stoffen in Form von Salz, Zitronensaft und Essigwasser. Einreiben, kurz einwirken lassen (am besten im Sonnenlicht) und ausspülen. Bei farbigen Stoffen den Schauplatz des Schwelbrandes erst ausbürsten, mit Glyzerin einreiben und dann ganz normal waschen.

Fahrradöl

In Ketten gelegt zu werden kann durchaus seine Reize haben. Falls es nicht gerade die Fahrradkette ist. Wenn doch, läuft mit etwas Salmiakgeist und lauwarmer Seifenlauge (in dieser Reihenfolge) hoffentlich alles wieder wie geschmiert.

Fett

Weg mit dem Fett gilt nicht nur für Ihre Hüften: In leichteren Fällen reicht es, den Fleck mit Spülmittel oder lauwarmem Seifenwasser einzuweichen und das Ganze möglichst schnell in die Maschine zu stecken. Bei großen Spritzern empfehlen Fettexperten Kartoffel-, Maismehl oder Talkumpuder. Einfach aufstreuen, einwirken lassen (bis zu drei Stunden), ausbürsten.

Gras

Baumwolle und Weißwäsche mit sehr heißem Wasser ausspülen. Streiken Ihre Hände oder der Stoff bei solchen Temperaturen, können Sie Ihr Glück auch mit etwas Spirituswasser versuchen.

Kaffee

Kommt darauf an, wie Sie Ihren Kaffee gerne trinken: schwarz oder mit Milch? Im ersten Fall reicht normalerweise lauwarmes Seifenwasser. Bei Milchkaffee waschen Sie den Fleck erst mit kaltem Wasser aus, reiben die Stelle dann mit Glyzerin ein und spülen mit warmem Wasser nach. Ob Sie Zucker in die Kaffeetasse getan haben, ist übrigens ganz allein Ihre Sache.

Kaugummi

Hier hilft nur ein Kälteschock: den klebrigen Rest so lange mit Eiswürfeln eine Abreibung verpassen, bis der Kaugummi hart wird und von ganz alleine abfällt.

Kugelschreiber

Den Fleck erst mit Alkohol oder Zitronensaft (entweder – oder, bitte keine Cocktails mixen!) einweichen, dann mit lauwarmem Wasser auswaschen.

Lippenstift

Drüberwischen beseitigt alle verräterischen Spuren. Auf der Backe reicht der Handrücken, auf dem Hemdkragen sollten Sie einen mit Alkohol getränkten Wattebausch zu Hilfe nehmen (anschließend mit Seifenlauge ausspülen).

Mücken

Den Blutsauger haben Sie ermordet – so hinterlassen Sie keine Spuren: Entfernen Sie zuerst die sterblichen Überreste, dann die Blutspritzer. Den Tatort dazu mit kaltem Wasser befeuchten, anschließend ein Papiertaschentuch draufpressen.

Obst

Ihre Chancen stehen 50:50 – geben Sie trotzdem nicht gleich auf, Sie haben immerhin mehrere Alternativen: Zitronensaft, Milch oder Wasser mit einigen Spritzern Salmiak (jeweils den Stoff damit betupfen und auswaschen). Auch ein nächtliches Bad in Buttermilch soll schon so manchem Obstfleck Saures gegeben haben.

Rost

Optimal, wenn Sie sauer sind über diesen Fleck – vielleicht wird es die Milch, die Sie zufällig parat haben, auch. Dann können Sie damit die schmutzige Stelle vorsichtig einreiben (zur Not tun's auch Buttermilch oder Zitronensaft). In der Sonne trocknen lassen und das Kleidungsstück anschließend ganz normal waschen.

Schweiß

Erst riecht man es, dann sieht man es. Das beste Mittel, um Schweißränder zu entfernen: farbloser Essig (bei weißer Wäsche pur, sonst verdünnt – 15 ml Essig auf 250 ml Wasser). Über Nacht einwirken lassen, dann ganz normal waschen.

Sperma

Dass Sie vor Kurzem glücklich gemacht wurden, sieht man schon am Glanz in Ihren Augen. Weitere Beweise sind also völlig überflüssig. Mit kaltem Wasser kommen Sie wieder – diesmal ins Reine.

Vogelkot

O. k., man hat Sie beschissen. Bleiben Sie trotzdem ganz cool und kaufen Sie sich etwas Wasserstoffperoxid (nur bei weißer Kleidung). Die Bio-Alternative: Zitronenwasser auf 60° C erhitzen, 15 Minuten einwirken lassen, dann ausreiben.

Wachs

Hätten Sie die Kerzen vorsichtiger ausgeblasen, müssten Sie das Wachs jetzt nicht aus dem Hemdsärmel saugen (Löschblatt auf und unter den Stoff legen, mit einem Bügeleisen mehrmals drüberbügeln).

Was hilft bei Schweißflecken?

Was macht Ihnen bei der Aufforderung „Hände hoch!" mehr Angst: die mögliche Gefahr für Ihr Leben oder das Risiko, dass jemand die feuchten Stellen unter Ihren Armen entdeckt?

Warum schwitze ich so viel?

Ganz klar: Wahrscheinlich sind mal wieder Mutti und Vati schuld. Allerdings nicht, weil sie Ihnen nicht rechtzeitig beigebracht haben, ein Deo zu benutzen. Übermäßiges Schwitzen liegt oft in den Genen. Es kann aber auch ein Hinweis auf eine Erkrankung (zum Beispiel eine Überfunktion der Schilddrüse oder Diabetes) sein.

Gibt der Arzt Entwarnung, hat er mehrere Möglichkeiten: Als Therapie in Frage kommen neben Medikamenten (etwa Spritzen mit dem auch als Anti-Falten-Mittel bekannten Wirkstoff Botulinumtoxin) eine Reizstrombehandlung und in schweren Fällen sogar ein chirurgischer Eingriff, bei dem die Nervenbahnen durchtrennt werden, die Ihre Schweißproduktion steuern.

In jedem Fall helfen natürlich auch: weniger Alkohol, Nikotin, heißen Tee oder Kaffee, dafür mehr Schlaf, am besten bei offenem Fenster. Ihrem Auto spendieren Sie eine Klimaanlage, sich selbst ein antiperspirierendes Deo.

Wie kriege ich die Flecken beim Waschen raus?

Falls Ihr Waschmittel versagt, müssen Sie ihm einen Teil der Arbeit abnehmen: Die Flecken mit Gallseife oder Essig einreiben (den Stoff vorher an unauffälliger Stelle auf Farbechtheit testen), erst danach in die Trommel werfen und ganz normal waschen.

Wie bügelt man ein Hemd?

Gegen die Falten auf Ihrer Stirn hilft Gesichtsgymnastik, Lifting oder eine dermatologische Behandlung mit Botox. Ihr Hemd bekommen Sie viel einfacher glatt – wenn Sie die Tricks der Profibügler kennen:

Das Eisen

Mit Dampf sind Sie nicht nur schneller, der Stoff kann auch leichter geglättet werden (die Feuchtigkeit lässt die Gewebefasern quellen und macht sie so leichter formbar). Damit Ihr schwarzes Hemd mit der Zeit nicht von Kalkkrümeln verziert wird, sollten Sie allerdings nur destilliertes Wasser ins Dampfbügeleisen füllen. Egal, ob Sie sich für ein Gerät mit Sohle aus leichtem Aluminium, robustem Stahl oder mit Antihaftbeschichtung (aus Durilium, Teflon oder Titan) entschieden haben – für alle gilt: Kratzer vermeiden (Achtung: Reißverschluss!), denn nur glatte Sohlen gleiten optimal über den Stoff.

Die Temperatur

Ein Blick ins Wäscheetikett verrät, welche Temperatur Ihr Hemd aushält (siehe Seite 56). Faustregel bei ausgewaschener Pflegeanleitung: Synthetik und andere feine Stoffe wie Seide fühlen sich höchstens bei 110° C wohl (den Regler am Bügeleisen auf • stellen), Baumwolle verträgt 100 bis 160° C (Stufe ••), Leinen bis zu 210° C (Stufe •••).

Die Vorbereitung

Am leichtesten lässt sich Ihr Hemd bügeln, wenn Sie es gleich nach dem Waschen (und Schleudern) auf einen Kleiderbügel hängen. Nach ein bis zwei Stunden ist es bereit für Ihren Einsatz.

Das Bügeln

Am Anfang geht es dem Hemd an den Kragen: Breiten Sie den Schulter-Rücken-Bereich (Passe) auf dem Bügelbrett aus. Zuerst wird die Unterseite des Kragens (verschwindet nach dem Umknicken) platt gemacht. Kragen und Passe dabei etwas auseinanderziehen, das Eisen von oben ansetzen und Richtung Rücken führen (sonst gibt's hässliche Fältchen). Dann das Hemd wenden und das gleiche Spiel mit der Oberseite durchziehen. Zum Schluss den Kragen richtig umknicken und einmal über die Kante bügeln.

Tragen Sie Ihre Hemden immer unter einem Pulli, sind Sie jetzt schon fertig mit dem Bügeln. Wenn nicht, geht es mit den Manschetten und Ärmeln weiter: Erst den linken Ärmel mit der Innenseite nach oben ausbreiten. Manschette auseinanderziehen und Richtung Schulter bügeln. Dann von unten nach oben die Armnaht hochfahren, dabei den Stoff glatt ziehen. Jetzt müssen Sie nur noch die Außenseite und den rechten Ärmel nach dem gleichen Prinzip von den lästigen Fältchen befreien. Übrigens: Nur am Oberarm bügelt man die Kante flach, die Manschette bleibt „rund“.

Dritte Bügelstation: die rechte Vorderseite. Kragen und Schulter leicht schräg über das runde Ende des Brettes spannen und die Knopfleiste stramm ziehen. So von unten zum Kragen hin bügeln, dabei das Eisen immer um die Knöpfe herum-, nie darüberführen. Dann von der Passe zum Hemdsaum in langen Bahnen hin- und herfahren. Das Hemd etwas weiter über das Brett ziehen, die Seitennaht straffen und Richtung Ärmel bügeln. Tipp: Leisten und Seitennähte immer vom Saum zum Kragen plätten, bei der Passe genau andersrum.

Jetzt ist der Rücken dran: So über das Brett ziehen, dass die Schultern die Rundung des Bügelbretts ausfüllen. Von der Passe zum Saum bügeln, dann die andere Rückenseite, zum Schluss den Übergang zwischen den beiden Hälften. Tipp: Abnäher am Rücken (die eingebauten Fältchen) werden fünf Zentimeter eingebügelt.

Gleich haben Sie es geschafft, es fehlt ja nur noch die linke Vorderseite und das kennen Sie ja schon von der rechten Hälfte. Einziges „Problem": Vielleicht stoßen Sie hier auf eine Brusttasche. Einmal mit dem Bügeleisen hinein-, einmal drüberfahren – fertig.

Zum Schluss das Hemd vorsichtig auf einen Bügel hängen, die oberen zwei Knöpfe schließen und eine Stunde ausdünsten lassen. Dann ab in den Schrank (wenn Sie es vorher zusammenlegen müssen: siehe Abbildung rechts). Als Anfänger müssen Sie pro Hemd übrigens 10 bis 15 Minuten einkalkulieren.

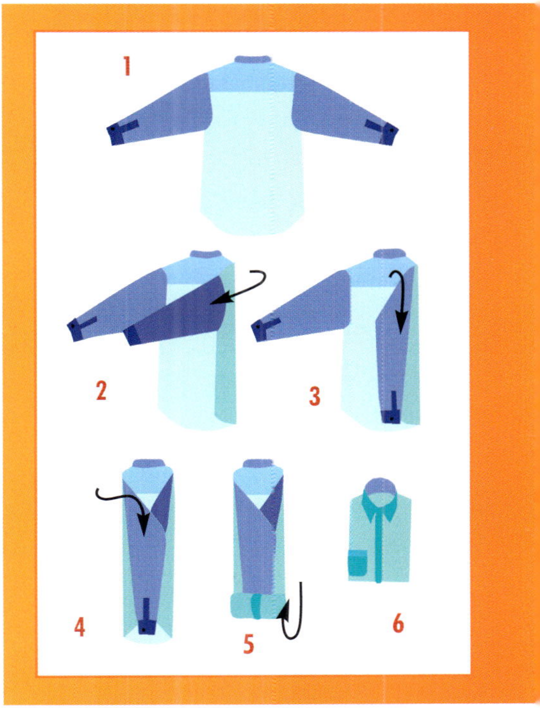

Die Kunst des Einsprühens

Sie sind mal wieder nicht rechtzeitig zum Bügeln gekommen? Dann sollten Sie Ihre Hemden nochmals anfeuchten, bevor Sie zum heißen Eisen greifen - so macht man's optimal:

1. Eine Sprühflasche mit warmem Wasser füllen und das Hemd mit gleichmäßigen, schlangenlinienförmigen Bewegungen feucht machen. Leinen und Baumwolle brauchen etwas mehr Wasser, synthetische Fasern sind genügsamer.
2. Das eingesprühte Hemd glatt ziehen, damit es sich nicht verformt. Anschließend abstehende Teile wie Ärmel nach innen schlagen.
3. Eventuell in der Mitte einmal zusammenfalten und ohne Erholungspause zu Hemd zwei übergehen.
4. Wenn der ganze Stapel angefeuchtet ist, kommt er für zwei bis vier Stunden in eine große Kunststofftüte - zum richtigen Durchziehen. Aber passen Sie bloß auf, dass Sie in der Zwischenzeit die Lust am Bügeln nicht wieder verlieren. Sonst müssten Sie nicht nur an einem anderen Tag noch mal von vorne anfangen. Auf angefeuchteter Wäsche, die länger als 24 Stunden in der Tüte auf Ihren Einsatz wartet, können sich auch Stockflecken und Schimmel bilden.

Wie näht man einen Knopf an?

Ein Ruck, ein Zuck und ab ist der Hemd- oder Sakkoknopf. Und das ausgerechnet heute, wo Sie diesen wichtigen Termin haben. Keine Panik, in weniger als zwei Minuten sitzt alles wieder bombenfest – und zwar garantiert ohne Tacker oder Sekundenkleber:

1. Zur Wiedervereinigung von Knopf und Stoff brauchen Sie zirka 30 Zentimeter Nähgarn (möglichst im gleichen Farbton wie bei den

anderen Knöpfen, sonst lieber heller als zu dunkel). Im Notfall können Sie sich auch mit einem Stück Zahnseide retten.

2. Wenn Sie das Nähgarn etwas schräg abgeschnitten haben, lässt es sich jetzt leichter durch das Nadelöhr fummeln. Geschafft? Dann dürfen Sie zur Belohnung das andere Fadenende durch einen kleinen Knoten besser zur Geltung bringen.
3. Jetzt den Knopf an die richtige Stelle halten, mit der Nadel (inklusive Faden!) von hinten durch den Stoff und ein Loch Ihrer Wahl stechen. Falls der Knopf in einem unbeachteten Augenblick völlig verloren gegangen ist: Am unteren Ende der Knopfleiste von Hemden ist oft ein Ersatzknopf angenäht, bei Sakkos findet man diesen meist in einer der Taschen.
4. Hat Ihr Knopf zwei Löcher, müssen Sie jetzt nur noch von oben durch das andere Loch stechen, die Nadel zurück zu Loch 1 bringen usw. Bei vier Löchern haben Sie die Wahl: Entweder Sie bleiben erst auf einer Seite und wechseln nach einigen Umdrehungen zur anderen (natürlich auf der Stoffrückseite). Oder Sie entscheiden sich für einen Kreuzstich, verbinden die Löcher also diagonal (ebenfalls nach einigen Umdrehungen zur anderen Diagonalen wechseln). Tipp: Der Knopf sollte zwar straff sitzen, aber nicht zu fest. Klebt er am Stoff, haben Sie später Probleme beim Schließen von Hemd oder Sakko.
5. Zum Schluss noch den Faden auf der Rückseite etwas vernähen oder verknoten – fertig.

Was hilft gegen Wollknötchen?

Reibung erzeugt nicht nur Wärme, sie sorgt auch dafür, dass sich an Wollpullis spätestens nach zwei-, dreimaligem Tragen kleine Knötchen bilden (der Fachmann spricht von „Pills"). Und zwar vor allem bei sehr feiner Wolle. Je loser das Garn, desto anfälliger ist der Pulli. Auch Materialmix lässt die hässlichen Pills sprießen.

So weit, so unschön. Und wie wird man die Knötchen wieder los? Wer sie von Hand abzupft, ist nicht nur stundenlang beschäftigt, er reißt auch lange, unbeteiligte Fasern mit heraus. Das lässt sich leider auch beim Einsatz eines speziellen Wollkamms nicht vermeiden. Batteriebetriebene Spezielrasierer sind da schon besser, verhaken sich allerdings vor allem bei feinem Material schnell und können so den Pullover auf Dauer untragbar machen. Die schonendste Variante: Pill für Pill mit einer Pinzette packen und mit einer kleinen Schere vorsichtig abtrennen (okay, das geht auch nicht gerade schnell, ist dafür aber unwahrscheinlich meditativ. Oooom).

Wie kriegen meine Schuhe neuen Glanz?

Und worauf stehen Sie so? Nicht im Bett, auf der Straße. Keine Angst, Sie müssen sich jetzt nicht als Exhibitionist outen. Es geht lediglich um Ihre Schuhe: Verschaffen die Ihnen eigentlich noch einen glänzenden Auftritt? Wenn nicht, wird es höchste Zeit, die alten Treter mit Profitricks aufzufrischen (alle Zutaten gibt's im Fachhandel):

1. Zuallererst den gröbsten Dreck entfernen – natürlich mit einer groben Bürste (Borstenlänge mindestens zwei Zentimeter).
2. Mit Sattelseife, einer Rosshaarbürste und einem Bottich lauwarmem Wasser werden die Glattlederschuhe dann inklusive der Sohlen eingeseift. Wichtig: gleichmäßig nass machen, sonst bleiben Wasserränder zurück. Bei hellen Schuhen ersetzen Sie das Bad besser durch eine Abreibung mit flüssigem Lederreiniger.
3. Einen Schuhspanner einsetzen und stehen lassen.
4. Ist der Schuh fast trocken, beginnt die echte Pflegephase – und zwar mit dem Sohlenrand. Der wird mit einer Wachs-Terpentin-Paste imprägniert.
5. Jetzt wird's schmierig: Den Schuh mit einer Auftragbürste (langer

Stiel, kleiner Borstenkopf) und Wachs-Terpentin-Paste einschmieren. Mindestens eine Stunde einwirken lassen.

6. Dann kommt die Schuhcreme drauf: Wickeln Sie ein weiches Tuch um zwei Finger Ihrer Arbeitshand. Creme aufnehmen (im Zweifelsfall lieber einen zu dunklen als zu hellen Ton) und mit wenig Wasser benetzen. Dann Schritt für Schritt den gesamten Schuh in kleinen, kreisenden Bewegungen eincremen.
7. Die Sohlen sparsam mit speziellem Lederöl einpinseln (sonst drohen nasse Füße).
8. Nachdem die Creme einen Tag lang einwirken konnte, den Schuh mit einem Lederschwamm oder einer weichen Bürste mit Überzieher (ein Nylonstrumpf, kennen Sie ja vom letzten Banküberfall) auf Hochglanz polieren.

Feucht über den Sohlen

Heiter bis wolkig nennen der Wetterfrösche diesen Guss? So bekommen Sie Ihre Schuhe schnell und lederschonend trocken:

1. Was der Kleiderbügel für Hemden, ist der Schuhspanner (am besten aus Zedern- oder Fichtenholz) für Ihre Treter: Er hält sie in Form, absorbiert den gespeicherten Wasserdampf und die Feuchtigkeit des Leders. 24 Stunden gespannte Ruhe sollten Sie Ihren Schuhen nach jedem Tragen gönnen. Wichtig: Spannen Sie gleich nach dem Ausziehen – sonst besteht Überdehnungsgefahr.
2. Sind die Schuhe nicht nur feucht, sondern nass, hilft der Griff zur Tageszeitung: Die Treter damit ausstopfen und anschließend schräg aufstellen, damit überall Luft hinkommt. Ist das Papier vollgesogen, wird gewechselt.
3. Auch wenn's noch so verlockend klingt: Warme Heizungsluft ist Gift für feuchte Schuhe. Die trockene Hitze entzieht dem Leder seine Feuchtigkeit, macht es brüchig und spröde. Tabu sind deshalb auch direkte Sonnenbestrahlung und der Föhn.

Wie packen Profis ihren Koffer?

Wenn einer eine Reise tut, dann hat er was zu schleppen. Damit der knappe Platz im Koffer optimal ausgenutzt wird, sollte man beim Packen strategisch vorgehen:

1. Schreiben Sie eine Checkliste mit allen wichtigen Dingen, ohne die Sie die nächsten Tage/Wochen/Monate nicht überleben werden. Legen Sie dann alles auf Ihr Bett (oder einen anderen übersichtlichen Platz).
2. Unterziehen Sie die bereitgelegten Klamotten einer kritischen Prüfung: Lassen sich platzraubende, schwere Kleidungsstücke (zum Beispiel der Wollpulli) ersetzen? Können Sie durch multifunktionelle Teile die Kofferfüllung reduzieren (zum Beispiel eine beige Baumwollhose statt einer Freizeitjeans plus einer eleganten Stoffhose)? Besonders reiseempfindlich sind Hemden. Außer, man packt Kleinkariertes ein (kaschiert die Falten am Zielort optimal). Bei weißen Hemden sind Baumwollmischungen (Baumwollanteil mindestens 60 Prozent) knittersicherer als der reine Stoff.
3. Koffer auf, Hose(n) rein. Und zwar mit dem Bund in der Mitte des Kofferbodens, sodass je zwei Hosen nebeneinander passen. Die Hosenbeine hängen vorerst über den Kofferrand, werden erst zum Schluss eingepackt.
4. Kleinkram, wie der zusammengerollte Gürtel, Krawatten etc., in den Schuhen verstecken, diese einzeln in Schutzbeutel verpacken und auf die Hosen stellen.
5. Danach kommen Socken und Unterwäsche dran. T-Shirts packt man vorher am besten in einen Baumwollbeutel, dabei faltet man sie so tief wie möglich, damit der Knick später in der Hose versteckt bleibt.
6. Als Puffer zwischen den harten Sachen im Kofferboden und den empfindlichen Teilen, wie Hemden und Anzug, packen Sie jetzt Ihre Pullis ein. Dabei die Ärmel und etwa ein Viertel des Wollteils auf jeder Seite nach hinten einschlagen, dann den ganzen Pullover in der Mitte zusammenlegen.

7. Auf den Pulli kommen die zusammengelegten Hemden, die Vorderseiten nach unten (schont den Kragen). Gut, dass Sie den eingelegten Pappkarton nach dem Kauf nicht weggeworfen haben – jetzt dient er als Zusatzschutz gegen Knittern.
8. Obendrauf kommt der Anzug oder ein Jackett. Damit alles glatt geht, schützen Sie ihn mit Seidenpapier: Zuerst Arme und Schulter mit etwas Papier ausstopfen, dann falten (siehe Kasten unten). Wer ganz vorsichtig sein will, legt bei jedem Falten eine Lage Papier dazwischen.
9. Zum Schluss ein paar Lagen Seidenpapier auf die Kleidungsstücke, dann die Hosenbeine nach innen schlagen.
10. Falls sich beim Transport im Koffer einige Kleidungsstücke in Falten legen, ist das kein Grund, beim Auspacken selbiges mit Ihrer Stirn zu tun. Hängen Sie die Knitterklamotte einfach ins Badezimmer und lassen Sie die heiße Dusche laufen. Der Wasserdampf glättet die gröbsten Falten meist in wenigen Minuten.

Zusammengefaltet

So wird Ihr Sakko schön klein – ohne zu knittern:

1. Anzugtaschen leeren, sonst gibt es später Ausbeulungen an unvorteilhaften Stellen. Dann das geöffnete Jackett verkehrtherum aufs Bett legen.
2. Die eine Vorderseite bis zur Mittelnaht nach hinten falten, dabei die Schulterpartie umdrehen, sodass das Futter nach außen zeigt.
3. Jetzt die andere Seite ebenfalls nach hinten legen – diesmal bleibt das Futter, wo es hingehört. Den Schulterteil unter die umgekehrt liegende Seite stecken.
4. Achten Sie darauf, dass die Ärmel in voller Länge flach anliegen.
5. Bringen Sie das Jackett auf Reisegröße: Das obere Drittel nach unten schlagen.
6. Nochmals umschlagen. Dann die Ausbeulungen weich klopfen und das Jacket glatt streichen.

Wie packt man einen Kleidersack?

Egal, ob fürs Wochenende in Venedig oder die Geschäftsreise nach Verl: Lassen Sie den Koffer zu Hause, der ideale Reisebegleiter ist Ihr Kleidersack: kompakt und leicht, Hemden und Anzüge bleiben in Form – wenn man ihn richtig packt. Achtung: Auf keinen Fall darf man ihn überfordern: Ist der Kleidersack nur für drei Anzüge gedacht, sorgt der vierte garantiert für Knitterlook beim Meeting. Umgekehrt bekommt ein einzelner Anzug in ihm Beulen durch zu viel Bewegungsfreiheit. So verstauen Sie alle Reiseutensilien optimal:

Der Business-Bügel

Die Anzughose über den Bügel des Kleidersacks hängen, das Business-Hemd darüber (zugeknöpft), gefolgt von Anzugsweste und -jackett. Zum Schluss die Ärmel des Hemdes durch die des Jacketts ziehen (möglichst ohne allzu viele Falten zu produzieren) und die Kragen richten. Wichtig: Die Ärmel des Anzugs im Sack einfach baumeln lassen, nicht falten! Wer die Plastikhüllen aus der Reinigung nicht im gelben Sack versenkt, hat jetzt eine Extraschutzhülle gegen fatale Falten und fiese Fussel.

Der Freizeit-Bügel

Der zweite Kleiderbügel ist für Ihren Freizeitlook reserviert: erst die Jeans, dann zum Beispiel Poloshirt und Pullover.

Taschen

In den Innen- und Außentaschen des Kleidersacks ist jetzt noch jede Menge Platz für die restlichen Reiseutensilien: Zusatzhemden (ganz normal zusammengelegt), Schuhe (in einem Stoffsack gegen Kratzer geschützt), Unterwäsche, Socken und Kulturbeutel (wichtig: auslaufgefährdete Fläschchen in kleine Plastiktüten stecken).

Transport

Lassen Sie ihn am besten hängen. Nicht zu Hause, beim Transport! Nur falls das nicht geht, trägt man den Kleidersack in der Mitte geknickt. Achtung: Faltengefährdete Kleidungsstücke dann im Sack immer ganz nach hinten hängen!

3 DIE FRAU(EN) IHRES LEBENS

14 ultimative Beziehungsfragen

Wie wird meine Wohnung schnell date-fertig?

Jede Frau ist einzigartig. Doch eines ist allen gemein: Bei zu viel Dreck und Chaos in Ihrer Wohnung bleibt keine Einzige artig. Wo die genaue Schmutz-Schmerz-Grenze liegt, hängt von vielen Faktoren ab (unter anderem sicherlich auch davon, in welcher Form Ihr Body und Ihre Brieftasche sind). Doch wenn Sie das erste Date nicht alleine im Bett verbringen wollen, sollten Sie vorsichtshalber Ihre Bleibe einem Last-Minute-Putz unterziehen:

Bett

Optimal wäre natürlich, die Bettwäsche ausnahmsweise schon mal vor Ablauf eines halben Jahres zu wechseln. In jedem Fall sollten Sie den Hauptschauplatz des kommenden Geschehens aber lüften, Decken und Kissen ans offene Fenster legen. Während die gründlich ausmüffeln, kümmern Sie sich um das restliche Chaos.

Schmutzwäsche

Wie Ihre Unterhosen aussehen, wird Ihre Herzdame hoffentlich noch früh genug entdecken. Deshalb (ver-)stecken Sie jedes offen herumliegende, schmutzige Kleidungsstück in der Waschmaschine. Sortieren und waschen können Sie auch noch morgen. Oder übermorgen.

Dreckiges Geschirr

Ihre Pilzzucht im Spülbecken ist zwar bemerkenswert, aber für ein sanftes weibliches Wesen doch eher abschreckend. Deshalb kommt alles dreckige Geschirr in die Spülmaschine. Haben Sie nicht? Dann halt zur Zwischenlagerung in den Backofen (leider wird es dort nicht von selbst sauber).

Badezimmer

Das Mindeste, was Sie hier noch schnell erledigen sollten: frische Handtücher hinhängen, mit der Klobürste einmal durch die Schüssel schrubben und den Toilettenpapiervorrat bei Bedarf ergänzen.

Pornos

Auch wenn das kein Mensch versteht: Frauen werden nur höchst selten durch abgelichtete FKK-Gymnastik (paar- oder gruppenweise) angetörnt. Deshalb: weg damit. Legen Sie stattdessen lieber die aktuelle *Men's-Health*-Ausgabe aus, das macht Eindruck bei den Damen!

Staubschicht

Alle einsehbaren Flächen mit einem Staubtuch bekannt machen. Wichtig: Bedenken Sie die veränderte Sehperspektive, wenn Ihr Date auf Ihrem Bett liegt. Falls die Zeit jetzt noch reicht, leihen Sie sich den Staubsauger Ihrer Nachbarin. Wenn nicht, dimmen Sie das Licht.

Diverses

Alles, was Ihnen beim abschließenden Kontrollgang jetzt noch unangenehm auffällt, findet für die nächsten Stunden eine Bleibe in Schubladen, der Abstellkammer oder unter dem Bett. Falls das die Bodenfreiheit bei rhythmischen Matratzenbewegungen beeinträchtigt: alles in einen Koffer stopfen. Als Mann von Welt kommen Sie gerade von einem Kurztripp zurück. Zum Auspacken hat die Zeit nicht gereicht, schließlich mussten Sie sich ja ums Abendessen kümmern – man setzt eben Prioritäten.

Was rettet mich bei häufigen Date-Problemen?

Egal, wie Sie auf die Dame aufmerksam geworden sind. Irgendwann kommt der Tag der Tage, an dem Sie beide sich das erste Mal Auge in Auge gegenüberstehen werden. Doch auch beim ersten Date lauert ein ganzer Parcours von Fettnäpfchen. So überstehen Sie den Abend, ohne darin auszurutschen:

Fettnapf: Sie (in Jeans, Hemd und Lieblingssneakern) klingeln, sie (im kleinen Schwarzen) öffnet.

Rettung: Erklären Sie ihr, dass Sie Ihren Wohnungsschlüssel verloren haben. Wenn Sie auf den Schlüsseldienst gewartet hätten, um an Ihren Jil-Sander-Anzug zu kommen, wären Sie garantiert anderthalb Stunden zu spät gekommen. Und eine so schöne Frau lässt man doch nicht warten.

Fettnapf: Sie haben einen Blackout, reden Ihr Gegenüber mit dem Namen Ihrer Ex an.

Rettung: Den ganzen Tag haben Sie versucht, Ihrem Kollegen diesen Namen für seine frisch gezeugte Tochter ans Herz zu legen. Kein Wunder, dass das einen so schnell nicht mehr loslässt ...

Fettnapf: Ihr Löffel fällt in die Suppe, bespritzt nicht nur das Tischtuch, sondern auch ihr Top.

Rettung: Sie bieten als Entschuldigung nicht nur die Reinigung, sondern auch den gemeinsamen Kauf eines neuen Tops an. Dabei lernen Sie nicht nur viel über den Geschmack Ihrer Zukünftigen, sondern können auch beweisen, dass Sie selbst vor der Umkleidekabine viel geduldiger sind als all die Männer vor Ihnen.

Fettnapf: Beim Zahlen stellen Sie fest, dass Sie Ihr Portemonnaie zu Hause vergessen haben.

Rettung: Als emanzipierter Mann haben Sie natürlich nichts dagegen, wenn sie zahlt. Und als Ausgleich stellen Sie ihr einen Gutschein für ein Galadiner bei Ihnen zu Hause aus (es gibt doch in immer mehr Städten Mietköche ...).

Fettnapf: Der Kinofilm, den Sie ausgesucht haben, ist eine superlangweilige Schnulze.

Rettung: Holen Sie einen Jumbo-Eimer Popcorn, lachen Sie gemeinsam an den traurigsten Stellen oder simulieren Sie einen Heulkrampf, wenn der Held im Sterben liegt. Macht sie begeistert mit, darf sie sich eine Bar für den Wiedergutmachungscocktail danach aussuchen. Wenn nicht, lohnt sich ein Wiedersehen sowieso nicht.

Was hilft gegen Mundgeruch?

Ihre Freundin will nur noch Telefonsex, an den letzten Kuss können Sie sich nicht mehr erinnern? Dann hauchen Sie mal in Ihre hohle Hand. Schlägt Ihnen wenig Erfreuliches entgegen, wird es höchste Zeit, etwas gegen Mundgeruch zu unternehmen.

Nicht reden

Schuld an den Duftmarken, die Sie setzen, sind meistens anaerobe Bakterien oder Essensreste, die sich zersetzen. Beiden gemeinsam ist, dass sie Schwefelgas freisetzen. Und dass Speichel sie wegspülen kann. Also, unterlassen Sie alles, was die Speichelproduktion bremst: Kaffee, Alkohol, Dauerreden. Kaugummikauen bringt dagegen alles wieder in Fluss.

Nicht vergessen

Alle sechs Monate zum Zahnarzt sollten Sie nicht nur wegen des Stempels im Bonusheft. Denn wackelige oder undichte Füllungen sind optimale Siedlungsplätze für die kleinen Stinker in Ihrem Mund. Dass Sie sich nach dem Essen die Zähne und gelegentlich auch die Zunge sauber schrubben, versteht sich ja wohl von selbst.

Nicht essen

Alles, was schon bei normalen Leuten zur Fahne führt, ist für Sie natürlich absolut tabu. Falls man Ihnen doch mal Knoblauch, Zwiebeln und Co. ins Essen mischt, neutralisieren Sie die Gerüche mit Petersilie, Anis, Nelken oder Fenchel (jeweils gründlich kauen!).

Nicht faulen

Vielleicht sollten Sie mal über einen Wechsel in die Vegetarierfraktion nachdenken. Denn fleischlastige Nahrung kann durch den längeren Verbleib im Darm vermehrt Fäulnisprozesse auslösen. Die Abgase davon werden über die Lunge ausgeatmet.

Nicht fasten

Aus Angst vor Mundgeruch gar nichts mehr zu essen, ist garantiert der falsche Lösungsansatz. Denn aus einem leeren Magen steigen Gase Richtung Mund, die Sie Ihrer Freundin besser nicht zumuten sollten.

Wie kommt man einigermaßen sexy aus den Klamotten?

Beim ersten Mal wurden Ihnen die Kleider noch vom Leib gerissen – später müssen Sie auch das selbst erledigen. Sie können jetzt resigniert Abend für Abend Hemd und Hose einfach fallen lassen und möglichst unauffällig unter die gemeinsame Bettdecke schlüpfen. Oder die Last zur Lust machen, denn Ausziehen kann anmachen:

1. Bevor der Home-Strip beginnt, sollten Sie Schuhe und Socken unauffällig entsorgen (zum Beispiel während das Objekt Ihrer Begierde gerade auf der Toilette ist oder Sie in der Küche noch einen neuen Drink mixen). Denn aus der Fußbekleidung kommen selbst Profis nicht ansehnlich raus.

2. Als Vorspeise servieren Sie dann zuerst Ihr Hemd. Die Knöpfe langsam von oben nach unten öffnen, das Hemd über die Schultern rutschen und einfach fallen lassen. Dann das Unterhemd mit beiden Händen über den Kopf ziehen, dabei möglichst aufrecht stehen und die Arme weit nach oben strecken – schließlich sollen sich die endlosen Stunden im Fitnessstudio doch auszahlen, oder?

3. Anschließend geht's richtig zur Sache: Knopf für Knopf bzw. Zahn für Zahn (am Reißverschluss) die Hose öffnen und langsam nach unten streifen. Die Beine dabei durchdrücken, den Po rausstrecken. Von der Schokoladenseite zeigt man sich dabei im Halbprofil (macht schlank, der Po wirkt knackiger, als er vielleicht in Wirklichkeit ist). Damit Ihre Füße den Rest des Abends nicht gefesselt sind (außer, Sie stehen da drauf), zum Schluss auf Boden, Bett oder Sofa setzen und die Hose vollends loswerden.

4. Und die Unterhose? Häschen-Slips am besten gleich mit der Hose abstreifen, bevor jemand sie sieht. Alle anderen werden genüsslich als Zugabe serviert: Entweder enthüllen Sie Ihr bestes Stück Zentimeter für Zentimeter (falls es überhaupt so viel hergibt), oder Sie lassen Hand anlegen – Männer sind ja manchmal soooo unbeholfen ...

5. Ganz wichtig: Auch wenn Ihr Body noch so perfekt ist: Nach fünf Minuten sollte alles vorbei sein. Sonst könnte es passieren, dass Sie doch wieder unauffällig unter die Decke kriechen müssen – denn Schlafende soll man nicht wecken.

Soll ich mit ihr zusammenziehen?

Rein finanziell ist alles klar: Wozu doppelt Miete zahlen, wenn man die meiste Zeit dann doch nur eine der beiden Wohnungen benutzt? Doch Geld ist schließlich nicht alles, gerade in Beziehungsdingen. Unterziehen Sie Ihre Vorstellungen vom Leben zu zweit lieber einem Realitätscheck, bevor Sie sich endgültig entscheiden:

Die Vorstellung: Der Mensch, den man liebt, ist einem endlich ganz nah – was kann es Schöneres geben?

Die Realität: Inklusive Tamponschachteln, offenen Lippenstiften am Waschbeckenrand, Bio-Gesichtsmasken im Kühlschrank und langen Haaren im Essen. Ganz zu schweigen davon, dass Sie das Bett künftig auch mit ihrem Lieblingsteddy teilen müssen.

Die Lösung: Statt einem gemeinsamen Schlafzimmer gibt's für jeden einen persönlichen Raum – als Fluchtmöglichkeit, damit Sie sich nicht ständig auf die Nerven fallen. Und: Nur weil Sie jetzt zusammen wohnen, heißt das noch lange nicht, dass Sie auch alles zusammen unternehmen müssen. Im Gegenteil: Ein Abend mit den Kumpels rettet vor einer Überdosis Nähe.

Die Vorstellung: Halbe Kosten, halbe Hausarbeit (maximal).

Die Realität: Dafür doppeltes Streitpotenzial: „Ich spare und du kaufst das teuerste Bier!", „Du glaubst wohl, ich sei deine Putzfrau!", und so weiter und so fort.

Die Lösung: Legen Sie vorher fest, wie die Hausarbeit aufgeteilt wird. Konfliktentschärfend wirkt das Engagement einer Haushaltshilfe (siehe Seite 139). Und die Geldfrage wird durch ein Haushaltskonto entschärft, auf das jeder feste Beiträge einzahlt. Alles wie früher, in Ihrer Männer-WG. Nur dass Sie sich diesmal an die Abmachungen halten sollten.

Die Vorstellung: Sex so viel und wann immer ich will – und das, ohne durch die halbe Stadt fahren zu müssen.

Die Realität: Sie hat Kopfschmerzen. Oder muss morgen früh raus. Schon mal was von lähmender Routine im Bett gehört?

Die Lösung: Wie wär's, wenn Sie bei der Anmache mal nicht nach Schema X vorgehen? Eine ordentliche Portion Romantik hat noch keiner Beziehung geschadet. Wenn auch das nicht hilft, machen Sie sich rar. Spätestens, wenn die Hormone bei ihr wieder auf Kuscheln stehen, haben Sie eine neue Chance, zurück ins Spiel zu kommen.

Die Vorstellung: Jetzt gehört sie mir. Für immer und ewig (oder zumindest für die nächsten Wochen).

Die Realität: Je mehr Sie glauben, sie sicher zu haben, desto weniger haben Sie sie sicher. Frauen wollen jeden Tag aufs Neue erobert werden. Wer nicht mehr um sie kämpft, hat sie auch nicht mehr verdient.

Die Lösung: Halten Sie sich in Form. Wie wär's, wenn beispielsweise Ihre Jogginghose endlich mal wieder ihrem Namen alle Ehre machen würde, statt auf dem Sofa vor der Glotze mit Bier vollgespritzt zu werden? Und erinnern Sie sich selbst und Ihr Herzblatt gelegentlich durch ein inszeniertes Date, ein Geschenk (siehe Seite 92) oder eine Überraschung immer daran, warum Sie eigentlich zusammen sind: aus Liebe!

Die Vorstellung: Wenn wir erst mal den ganzen Tag zusammen sind, hört die ewige Streiterei wegen Kleinigkeiten endlich auf.

Die Realität: Das sieht man schon daran, dass Sie in zweieinhalb Wochen Urlaub mindestens dreieinhalbmal aneinandergeraten.

Die Lösung: Ziehen Sie zusammen. Doch wenn Ihnen Ihre CD-Sammlung, Ihr Hund und Ihr Geschirr noch etwas wert sind, dann bitte nicht mit dieser Frau.

Was stoppt ihre ständigen Nörgeleien?

Männer haben keine Zellulitis, werden nicht alle vier Wochen von Bauchkrämpfen geplagt und tragen während der Schwangerschaft eher selten einen dicken Bauch. Eine Ungerechtigkeit der Natur? Von wegen. Denn als Ausgleich für all diese Benachteiligungen hat Gott den Frauen einen Mund gegeben. Und den nutzen sie nicht nur zum Küssen und anderen Dingen, die uns Männer zufriedenstellen. Nein, sie reißen ihn am liebsten auf, um an uns rumzunörgeln. So machen Sie ein für alle Mal Schluss mit den drei häufigsten Frauenbeschwerden (und das ganz ohne Heftpflaster):

SO MACHT MANN DAS!

„Du erzählst mir nie was!"

Kaum haben Sie den Mantel abgelegt, fragt Ihr Boss im Privatleben, was heute im Büro los war. Sie antworten wahrheitsgemäß: „Nichts!" Und schon geht's ab ...

Warum sie ausrastet: Für Männer ist Kommunikation der Austausch wichtiger Informationen. Und was an den Dingen, die im Laufe eines ganz normalen Arbeitstages so passieren, soll bitte schön für eine Frau wichtig sein? Eine ganze Menge, befürchten wir: Was Ihre Sekretärin heute getragen hat (Beschreibung der Oberbekleidung ist hier ausreichend), ob Ihre Kollegen neidisch waren, dass sie heute viermal angerufen hat ... „Nichts" ist niemals die 100-Punkte-Antwort in diesem Verhör!

Was Sie besser nicht antworten: „Ich erzähl dir nichts? Ich hab ja auch gar keine Chance, wo du doch die ganze Zeit redest!"

Wie Sie das Nörgeln stoppen: Verkuppeln Sie Ihre Freundin mit einer Arbeitskollegin (möglichst eine, mit der Sie in der Kaffeepause noch nicht geflirtet haben). Geht alles gut und die beiden werden Busenfreundinnen, wird Ihre Liebste bald Ihnen erzählen, was in Ihrem Betrieb so läuft.

Was hilft, wenn das nicht hilft: Die beiden Damen verstehen sich nicht? Dann bleibt Ihnen nur noch ein Ausweg: Machen Sie Ihrer Freundin klar, wie stressig Ihr Job ist und dass Sie nach Feierabend erst mal eine halbe Stunde absolute Ruhe brauchen. Das gibt Ihnen wenigstens die nötige Zeit, sich ein bis drei harmlose Geschichtchen auszudenken, die Sie später freiwillig zum Besten geben werden.

„Du verbringst viel mehr Zeit mit deinen Freunden als mit mir!"

Sie hat das Titanic-Video eingelegt und eine Flasche Asti geöffnet. Sie wollen lieber mit Ihren Kumpels die neue Kneipe einweihen gehen. „Wir haben gar keine Zeit mehr füreinander!", heult sie in eines der eigentlich für den Schmachtfetzen bereitgelegten Taschentücher. Dabei wachen sie jeden Morgen im gleichen Bett auf, spucken ihre Zahnpasta ins gleiche Waschbecken.

Warum sie ausrastet: Frauen wollen immer die Hauptrolle spielen – und nicht nur gelegentlich mit Ihrem Oskar als beste Nebendarstellerin belohnt werden.

Was Sie jetzt besser nicht antworten: „Aber, Schatz, immerhin ertrag ich deinen Anblick jeden Morgen!"

Wie Sie das Nörgeln stoppen: Beziehen Sie Ihre Freundin ein in Ihre Freizeitaktivitäten. Hinterher. Geben Sie Ihr eine Kurzzusammenfassung der Kneip-Tour. Wenn sie noch wach ist und Sie noch einigermaßen nüchtern sind, am besten sofort. Wenn nicht, heben Sie sich's fürs Frühstück auf. Jetzt können Sie nur hoffen, dass sie Ihnen im Gegenzug künftig nicht immer erzählt, welche aufregenden Dinge sie beim abendlichen Yogakurs mit ihren Freundinnen so erlebt.

Was hilft, wenn das nicht hilft: Hört die Nörgelei nicht auf, müssen Sie einen Kompromiss schließen: Für jeden Herrenabend versprechen Sie ihr, etwas gemeinsam zu unternehmen. Und damit meinen wir nicht den gemeinsamen Einkauf von Klopapier im Supermarkt um die Ecke.

„Du hörst mir nie zu!"

Sie fiebern vor der Glotze mit, ob Ihre Roten ins Schwarze treffen und so mit einem blauen Auge davonkommen. Plötzlich begeht Ihre Freundin ein böses Foul, will mit Ihnen über den Antrittsbesuch bei ihrer Mutter reden. Sie antworten einsilbig, aber spätestens, als Ihnen beim Elfer ein „Das halt ich nicht durch" rausrutscht, kommt es zum großen Anpfiff.

Warum sie ausrastet: Weil Männer tatsächlich Schwierigkeiten haben, Frauen zuzuhören. Und das liegt nicht nur daran, dass Frauen dreimal so viel reden: Wenn Männer den Mund aufmachen, dann logisch und nachvollziehbar. Frauen erzählen Geschichten mit vielen Ausschmückungen, denen das männliche Ohr nicht immer folgen kann.

Was Sie besser nicht antworten: „Hat das nicht Zeit bis zur Halbzeitpause?"

Wie Sie das Nörgeln stoppen: Lernen Sie, zuzuhören, ohne zuzuhören. Frauen sind perfekt darin, kennen eine Million Wege, um zu signalisieren: Ich hör dir zu. Sie schauen dem anderen während eines Gesprächs in die Augen, nicken, geben zustimmende Geräusche von sich ... Je weniger davon umgekehrt von männlicher Seite kommt, desto größer das Nörgelrisiko.

Was hilft, wenn das nicht hilft: Schlagen Sie das Plaudermaul mit seinen eigenen Waffen. Versuchen Sie, Ihre Freundin totzuquatschen. Als Sparingspartner für diese Technik eignen sich gesprächige Taxifahrer besonders gut.

Wie rede ich ihr den Heiratswunsch aus?

Eine Frau, die die Hosen anhat, war Ihnen schon immer suspekt (außer, es handelt sich nur um ein Höschen). Bis jetzt hatten Sie in dieser Hinsicht mit der Ihrigen ja ausgesprochenes Glück.

Doch seit gestern ist das anders. Gestern hat sie Ihnen einen Heiratsantrag gemacht. Sie Ihnen, nicht umgekehrt. Dabei sind sie doch erst seit elfeinhalb Jahren zusammen. Warum sollte sich das ausgerechnet jetzt ändern? Mit diesen Argumenten zeigen Sie ihr, dass Sie nur ihr Bestes wollen – auch wenn das zumindest momentan noch kein Ehering ist ...

Zu teuer

Heiraten zahlt sich nicht aus, vor allem nicht finanziell. Selbst wenn sich dadurch auf lange Sicht ein paar Euro Steuern sparen ließen (und selbst das ist ja auf Dauer nicht sicher): Die Kosten für das Ereignis sind enorm und werden auch nicht durch die fünf Toaster, die das Durchschnitts-Brautpaar geschenkt bekommt, aufgewogen.

Lusttötend

Das mit der wilden Ehe hat schon seine Berechtigung: Zum Sex sagen Paare nach dem Jawort im Schnitt 2,33 mal pro Monat weniger Ja als vor der Vereinigung vor dem Standesbeamten.

Unnötig

„Und was ist, wenn einem von uns beiden mal was passiert?“ Eins ist sicher: Mit Privatverträgen (am besten vom Notar beglaubigt) können sich auch unverheiratete Paare für praktisch alle Fälle der Fälle gegenseitig absichern.

Ungesund

Eine Studie der Cornell-University bringt es an den Tag: Verheiratete Männer wiegen rund 2 Kilo mehr als ohne Trauschein. Begründung der US-Forscher: Wer seine Frau sicher hat, achtet weniger auf sein Äußeres.

Streitfördernd

Der Joker: Das Statistische Bundesamt hat herausgefunden, dass sich verheiratete Männer seltener an der Haushaltsarbeit beteiligen, als vor dem Schwur, künftig alles gemeinsam zu teilen. Dafür streiten sich Ehemänner häufiger mit ihrer Partnerin: 5 Minuten 13 statt 4 Minuten 06 pro Tag.

Was tun, wenn man „unseren Tag" vergessen hat?

Sie wissen noch ganz genau, wann Ihr Lieblingsclub das letzte Mal gegen die Bayern gewonnen hat und an welchem Tag die erste Scheibe von Oasis auf den Markt gekommen ist. An den Tag, als sie sich kennen lernten, zum ersten Mal küssten oder sich ein sonstiges, beziehungstechnisch entscheidendes Ereignis ereignete, konnten Sie sich leider erst wieder erinnern, als Ihr Partnerin Kissen und die Bettdecke aufs Sofa ausgelagert hat.

Das war das letzte Mal: Entweder lassen Sie sich scheiden oder merken sich den Tag der Tage:

Mit Hilfsmitteln

Notieren Sie sich das mehr oder weniger freudige Ereignis sofort nach dem Kauf der neuen Einlagen für Ihren Terminplaner. Legen Sie es sich in Ihrem PC auf terminierte Wiedervorlage oder lassen Sie sich von Ihrem Handy-Kalender daran erinnern.

Mit Grips

Versuchen Sie, eine logische Verbindung zwischen den Zahlen zu finden: Vielleicht haben Sie den selben Abstand zueinander (zum Beispiel 3.5.79), das Datum ist Ihre umgekehrte Autonummer, die Hausnummer Ihrer Wohnung kommt darin vor ... Sind die Zahlen scheinbar wild zusammengewürfelt, hilft nur noch die Übersetzung in Bilder: Denken Sie sich für jede der enthaltenen Ziffern ein einfach zu merkendes Symbol aus (zum Beispiel eine Kerze für die 1, ein vierblättriges Kleeblatt für 4, eine Sanduhr für 8) und bauen Sie daraus eine Geschichte. Mit ziemlicher Sicherheit können Sie sich leichter daran erinnern, dass Sie „mit der Kerze in der Hand ein vierblättriges Kleeblatt finden müssen, bevor die Sanduhr abläuft", als dass Sie am 14.8. das folgenreiche Ja gesagt haben.

Wie findet man im Notfall immer eine Ausrede?

„Entschuldigung, Liebling, im Büro ist's heute mal wieder etwas später geworden ...". Standardausreden dieser Art können Sie sich sparen, wenn Sie eine Verabredung nicht punktgenau eingehalten haben. Die glaubt Ihnen eh keine mehr. Die hohe Kunst der treffenden Notlüge erfordert raffinierte Technik und hartes Training. Dieser 7-Punkte-Plan rettet Ihr Date trotz großzügiger Verspätung:

1. Entscheiden Sie zuerst, ob es besser ist, die Wahrheit nur leicht zu optimieren oder die ganze Geschichte gleich völlig neu zu erfinden.

2. Die Unschuld vom Lande nimmt Ihnen niemand ab, der Sie auch nur flüchtig kennt. Überlegen Sie also rechtzeitig, wie viel eigene Schuld Sie gefahrlos eingestehen können.

3. Je nach Situation und Persönlichkeit der versetzten Dame kann eine spezielle Ausredenart sinnvoll sein: die „persönliche Ausrede" (zum

Beispiel ein Wehwehchen), die „sachliche Ausrede" (Wie wär's mit einer Autopanne?) oder eine „indirekte Ausrede" (zum Beispiel eine alten Schulfreundin, die Sie zufällig in der Stadt getroffen haben).

4. Sobald Sie sich für die passende Ausreden-Strategie entschieden haben, sollten Sie diese auf ihre sachliche Richtigkeit und Logik abklopfen: Welche Fakten kann sie nachprüfen, wie vertrauenswürdig sind meine (erfundenen) Zeugen ...? Häufigste Schwachstelle: Sie beziehen eine Person in Ihre Ausrede ein, die überhaupt nichts davon weiß. Blöd, dass Ihre Freundin diesem „Zeugen" morgen in der Stadt über den Weg laufen wird ...

5. Je mehr Indizien (zum Beispiel Aspirin-Schachtel, fingierte Werkstattrechnung, Zettel mit der neuen Adresse der alten Schulfreundin) Sie vorlegen oder wie zufällig in Sakkotaschen verteilen können, desto besser.

6. Überlegen Sie, welche Nachfragen bei Ihrer Geschichte praktisch auf der Hand liegen – und legen Sie sich in Gedanken schon mal die entwaffnenden Antworten parat.

7. Wenn Sie jetzt noch in der entscheidenden Situation durch Körpersprache und Stimme nicht allzu viel Nervosität und Unsicherheit vermitteln, kann mit dem Rest des Abends eigentlich nichts mehr schiefgehen.

Was ist das perfekte Geschenk für sie?

Alle Jahre wieder wissen Sie nicht, was Sie Ihrer Liebsten schenken sollen. Überraschend soll's sein, möglichst einzigartig, originell und praktisch. Doch weil am Ende Zeit und Ideen fehlen, gibt's das siebzehnte Parfum in Folge – die Freude hält sich in Grenzen („Wahnsinn, auch noch das Gleiche wie letztes Jahr ..."). Doch ab sofort wird alles anders:

Ein gemeinsamer Stadtbummel

Schaufensterbummel ist nervig. Manchmal allerdings auch hilfreich. Achten Sie auf die verbalen und nonverbalen Zaunpfähle: Wo bleibt sie besonders lange stehen, was bringt ihre Augen zum Glänzen, welche Dinge entlocken ihr ein: „Schön, findest du nicht auch?“ Damit sie nicht sofort Lunte riecht, antworten Sie maximal mit einem grimmigen „Mmh!“

Erlebnisse verschenken

Einfallsreicher als Blumen, CDs oder Wein: Eintrittskarten verschenken. Kino oder Oper, Konzert oder Spitzenspiel – Hauptsache, es trifft den Geschmack des Beschenkten. Der Vorteil des Erlebnis-Präsentes: Es kann nicht im Regal verstauben, bietet lange (Vor-)Freude und wenn man zwei Karten kauft, hat man selbst auch noch was davon.

Praktisch daneben

Ohne Frage: Einen Toaster hat ihr Haushalt schon lange gebraucht und das neue Bügeleisen ist praktisch und formschön. Als Geburtstagsgeschenk für die Liebste taugen beide nicht – außer, Sie wollen endlich mal wieder auf der Couch schlafen.

Von Herzen

Das Teuerste muss nicht immer das Schönste sein. Oft kommen persönliche Geschenke viel besser an – sie zeigen, dass man sich wirklich Gedanken gemacht hat. Und: Verschenken Sie nichts, was Ihnen nicht selbst gefällt. Je schwerer Sie sich von den gekauften Sachen trennen können, desto besser.

Den Anschein wahren

Falls Ihnen gar nichts einfällt: Verschenken Sie sich selbst in Form eines Gutscheins. Keine Ahnung, was da draufstehen soll? Wie wär’s mit einem 3-Gänge-Menü ihrer Wahl (Karte des Pizzaservices anbei), überlassen Sie ihr für eine Woche die Hoheit über die Fernbedienung oder schenken Sie ihr die Erlaubnis, ein Kleidungsstück aus Ihrem Schrank für die Altkleidersammlung auszusortieren.

Wie übersteht man es, wenn sie ihre Tage hat?

Sicherer als das Amen in der Kirche ist nur eins: dass Frauen im 28-Tage-Rhythmus alle Launen auf Gottes Erdboden durchleben. Wenn Sie sich trotzdem für eine Beziehung zu einer Partnerin entscheiden, haben Sie drei Möglichkeiten: 1. Sorgen Sie durch Schwangerschaften für vorübergehende Erholungsphasen. 2. Suchen Sie sich eine, die die Wechseljahre bereits hinter sich hat. Oder 3. Lernen Sie, mit ihrem Hormonzyklus umzugehen:

Tag 1-5

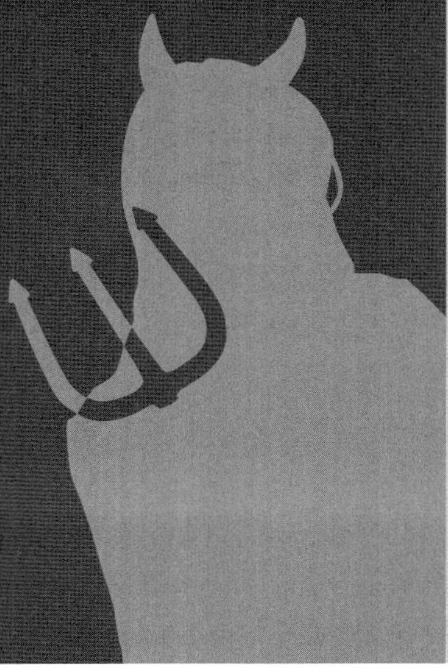

Was passiert:
Die Periode setzt ein: Der Körper will die alte Schleimhaut der Gebärmutter loswerden.

Wie Sie darauf reagieren sollten:
Das Aufräumen beschränkt sich nicht auf den Körper: Falls Ihr Exemplar nur die Wohnung in Ordnung bringen will, sollte Mann sich möglichst schnell verdrücken. Falls sie dagegen das ganze Leben neu ordnen möchte, sollte Mann sie schnell drücken. Und keine Angst vor unerwünschten Folgen: Die Chancen, jetzt Vater zu werden, stehen mit maximal zwei Prozent ausgesprochen schlecht.

Tag 6-9

Was passiert:
Es geht auf den Eisprung zu, der Pegel an körpereigenen Glücksstoffen (Endorphinen) steigt.

Wie Sie darauf reagieren sollten:
Die geistige und emotionale Aufnahmefähigkeit Ihrer Partnerin ist jetzt besonders gut. Höchste Zeit, Neues anzupacken (Frauen sind jetzt offener für Vorschläge) oder Altes zu gestehen (Frauen reagieren auf Fehltritte jetzt milder).

Tag 10-14

Was passiert:
Die männlichen Sexualhormone im weiblichen Körper nehmen zu, der Schleim um den Muttermund wird durchlässiger.

Wie Sie darauf reagieren sollten:
Blockieren Sie diese Tage auf Jahre im Voraus in Ihrem Terminkalender. Denn das sind die Tage der Lust. Doch, Achtung: Nie war das Schwangerschaftsrisiko beziehungsweise die Vaterschaftschancen so hoch wie jetzt.

Tag 15

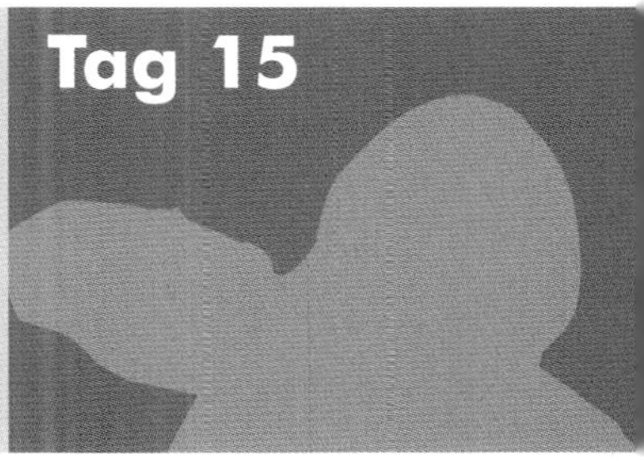

Was passiert:
Der weibliche Körper ist auf dem Höhepunkt der Fruchtbarkeit.

Wie Sie darauf reagieren sollten:
Das fragen Sie noch? Geben Sie ihr, was sie braucht. Sonst holt sie es sich anderswo.

Tag 16-23

Was passiert:
Ohne Befruchtung löst sich die Eizelle auf.

Wie Sie darauf reagieren sollten:
Frauen sind jetzt besonders zärtlichkeitsbedürftig: Streicheln und gestreichelt werden.

Tag 24-28

Was passiert:
Die Tage vor den Tagen: freier Fall der Hormone.

Wie Sie darauf reagieren sollten:
Zu Hause gibt's jetzt Heulkrämpfe, Jähzorn, Heißhunger, Schmerzen. Entweder Sie finden irgendwo in Deutschland eine viertägige Fortbildung. Oder Sie stehen Ihrer Partnerin bei. Am besten mit gemeinsamem Laufen, denn das sorgt zumindest kurzfristig für ein paar hormonbedingte Glücksmomente (wenn sonst schon nichts läuft ...).

Wie kriege ich ihre Füße warm?

Nichts ist erotischer, als wenn einem abends unter der Decke zwei Eisklötze vor den Bauch gehalten werden. So sorgen Sie dafür, dass Ihre Bettgenossin immer warme Füße hat:

Der Kontrast macht's

Temperaturschocks steigern die Durchblutung und vertreiben die Kälte aus den Füßen. Überreden Sie Ihre Freundin also zu morgendlichen Wechselduschen oder kalt-warmen Fußbädern.

Reibungsfläche bieten

Vielleicht lässt sie sich ja mit dem Angebot locken, ihr anschließend die Füße zu massieren. So geht's richtig: Die abgetrockneten Füße zuerst mit etwas Talkumpuder warmreiben, dann die Daumenkuppen oder die Fingerknöchel über die Sohlen bewegen. Mal immer nur wenige Millimeter vorrücken, drücken usw., mal in kreisenden Bewegungen. Vielleicht möchten Sie bei dieser Gelegenheit gleich die Sexualorgane stimulieren? Sie finden die entsprechenden Punkte auf der Außenseite der Ferse, direkt unterhalb der Knöchel.

Vorsprung durch Technik

Die Lösung für ganz harte Fälle: spezielle Wärmesocken. Sie enthalten ein Granulat, das – in der Mikrowelle in einer Minute auf Temperatur gebracht – die Wärme für eine halbe bis anderthalb Stunden abgibt (erhältlich zum Beispiel beim Pro-Idee Versand). Ersatzlösung: eine Wärmflasche unter die Zehen schieben.

Was stoppt endlich den Stress mit Mutti?

Okay, sie hat Sie neun Monate durch die Gegend getragen. Sie hat Ihnen bei Fieber kalte Wadenwickel gemacht. Sie hat Sie durch das allabendliche „Hände über die Bettdecke“ erst auf die Idee gebracht, was es da unten zu entdecken gibt. Aber all das gibt ihr noch lange nicht das Recht, Sie immer noch wie ein kleines Kind zu behandeln. So sorgen Sie ein für alle Mal für ein klares Mutter-Sohn-Verhältnis:

Sie will, dass Sie Weihnachten nach Hause kommen

Der Gedanke an Weihnachtsgans, -baum und -messe treibt Ihnen schon im Hochsommer Tränen in die Augen (und zwar garantiert nicht vor Rührung)? Dann besuchen Sie Ihre alte Dame doch an Mutter- und Geburtstag. Wer an solchen, vergleichsweise angenehmen Tagen Ja sagt, kann an Weihnachten leichter Nein sagen.

Sie kocht bei jedem Besuch Kohlrouladen

Stimmt schon. Das war mal Ihr Lieblingsgericht. Aber das ist jetzt schon gut und gerne 20 Jahre her. Und wenn Sie Ihr Erinnerungsvermögen nicht völlig im Stich lässt, hat Ihre Mutter damals noch wirklich gut kochen können. Sie haben zwei Chancen, den Rouladen beim nächsten Mal zu entkommen. Entweder Sie laden Ihre Mutter zum Essen ein (aber kündigen Sie das besser rechtzeitig an, sonst bekommen Sie die fertig zubereiteten Blähbomben eingepackt mit). Oder Sie machen Mama klar, wie sehr Sie Ihre leckeres Gulasch vermissen.

Sie nennt Sie immer noch Zucker-Bubi

Was als Junge schon peinlich war, wirkt im reiferen Zustand nicht besser. Ihre Frau Mutter daran zu erinnern, dass sie Ihnen einen schönen Vornamen gegeben hat, ist auch ohne Alzheimer zwecklos. Besser, Sie schlagen sie mit ihren eigenen Waffen, nennen sie ab sofort nur noch Muttchen. Will Muttchen, dass Sie damit aufhören, schlagen Sie ein Tauschgeschäft vor.

Sie erinnert Sie an tausend Kleinigkeiten

Mütter sind eine nützliche Erfindung der Natur. Aber ohne Kinder fühlen sie sich schnell nutzlos. Kein Wunder, dass alte Gewohnheiten aufbrechen, sie auch Jahre nach der Nestflucht nicht aufhören können, die lieben Kleinen mit guten Ratschlägen zu überschütten. Statt sich aufzuregen, sollten Sie den lieben Jungen geben. Hören Sie einfach nicht zu, aber signalisieren Sie das Gegenteil, wahlweise mit „Aha!“, „Danke, dass Du mich erinnerst!“ oder „So machen wir das!“.

Sie gibt Ihnen „gute“ Ratschläge für den Umgang mit Ihrer Freundin

Jahrelang war sie die Frau Ihres Herzens, jetzt hält diesen Platz eine andere besetzt. Kein Wunder, dass sie für die Konkurrentin nicht allzu viel Zuneigung empfindet. Entweder Sie vermeiden jede direkte Konfrontation und geben den beiden Frauen wechselseitig Recht bei Ihren Bemerkungen über die andere. Oder Sie machen Ihrer Mutter klar, dass es Sie ab sofort nur noch im Doppelpack gibt. Ist sie damit nicht einverstanden, werden Sie ihre Enkelkinder eben dem Babysitter anvertrauen.

Was stoppt Liebeskummer?

„Liebeskummer lohnt sich nicht, my Darling“ – leichter gesungen als getan. Bis zu ihrem „Raus hier, ich will dich nie wiedersehen!“, waren Sie noch Teil eines glücklichen Paares. Jetzt sind Sie noch nicht einmal mehr Teil von irgendetwas. So kommen Sie über den schlimmsten Trennungsschmerz:

Aussortieren

Alles, was an sie erinnert, kommt in einen Karton. Und der wandert auf direktem Wege in den Müll. Nur falls Sie sich noch berechtigte Hoffnungen machen, dürfen Sie ihn im Keller zwischenlagern. Wenn Sie möchten, zelebrieren Sie diesen Befreiungsschlag: Lieber die Wut an Dingen auslassen, als daran ersticken!

Aus und vorbei

Meiden Sie alles, was an die glücklichen Stunden zu zweit erinnert: Gehen Sie nicht in dem Park spazieren, in dem sie sich damals das erste Mal gesehen haben. Verschenken Sie sämtliche Flaschen des Weins, den sie so gerne gemocht hat. Zerkratzen Sie die CD mit dem Lied, bei dem sie immer so tollen Sex hatten. Immer ist vorbei. Und Sex können Sie mit einer anderen auch ohne Musik haben.

Aussprache

Klären Sie Freunde und Bekannte lieber selbst auf, bevor Ihre Ex ihre Sicht der Dinge verbreitet. Das gibt Ihren Kumpels auch die Chance, Sie auf andere Gedanken zu bringen.

Aus dem Weg gehen

Rufen Sie nicht bei ihr an, fahren Sie nicht an Ihrer Wohnung vorbei und gehen Sie auch nicht rein zufällig in ihre Lieblingskneipe. Statt die Chancen auf eine Wiedervereinigung würden Sie dadurch nur Ihre Traurigkeit erhöhen.

4

DIE GROSSE KOCH-SHOW

3 heiße Fragen aus der Küche

Was muss ich alles zu Hause haben?

Sie frühstücken jeden Morgen bei McDonald's, fluchen mittags über den ewig fad schmeckenden Kantinenfraß und plaudern abends gerne am Telefon mit der Lady vom Pizzaservice. Leider müssen wir Ihnen sagen, dass das alles weder abwechslungsreich noch besonders gesund ist. Ach so, das wissen Sie längst? Sie haben nur keine Zeit und Lust, zweimal die Woche auf dem Wochenmarkt frische Vitamine zu scheffeln? Kein Problem: Gönnen Sie doch Kühlschrank und Speisekammer einfach eine neue Dauer-Grundausstattung, mit der Sie im Fall der Fälle schnell und einfach mehr Geschmack und Gesundheit auf den Tisch und in Ihren Magen bringen:

Eier

Halten locker 20 Tage im Kühlschrank und sind immer gut für Fastfood im besten Sinne des Wortes – egal, ob als Rühr- oder Spiegelei, Crêpe oder Omelett (siehe Seite 108).

Milch

Unsere Empfehlung: längerfrische Milch. Die hält gekühlt bis zu drei Wochen – und zwar ganz ohne den Zeltlager-Geschmack von normaler H-Milch.

Aufbackbaguette

Schmeckt wie frisch vom Bäcker – nur dass Sie sich dafür nicht extra stadtfein machen mussten (Haltbarkeit mehrere Wochen, eingefroren eine halbe Ewigkeit). Gibt's übrigens sogar in Vollkorn – na gut, wir wollten es ja bloß mal erwähnen ...

Knäckebrot

Egal, ob als Unterlage für Käse, Wurst, Marmelade oder zum Knabbern für zwischendurch: Knäckebrot enthält für seine wenigen Kalorien (genauer: 318 Kalorien/100 Gramm) relativ viele Vitamine und Mineralstoffe.

Fischkonserven

Der ideale Lieferant für Eiweiß, Vitamine (je nach Sorte vor allem A, B und D), gesunde Fettsäuren sowie Jod, Selen und Zink (stärken unter anderem Ihre Potenz). Das Ganze zu optimalen Kalorienwerten (falls Sie die Ölsardinen im Supermarktregal liegen lassen).

TK-Gemüse

Die Vitamine, die aus der Kälte kommen. Tiefgekühlt enthält Gemüse meist mehr gesunde Nährwerte als vermeintlich frisches nach zwei Tagen in Ihrem Kühlschrank. Optimal für die schnelle Gabel Gesundheit: Gemüsemixe, die zum Teil sogar mit Extravitaminen und -ballaststoffen angeboten werden.

Tomaten

Ganz aus der Konservendose oder gewürfelt im Tetrapack sind Tomaten die optimale Grundlage zum Beispiel für Pastasaucen oder als Pizzabelag. Und vor allem in den Wintermonaten viel gesünder und leckerer als die unreif geernteten Früchte vom anderen Ende der Welt (das teilweise auch nur im Gewächshaus um die Ecke liegt).

Reis

Macht auch als Hauptgang (zum Beispiel angebraten mit Gemüsemix) satt. Besonders vitamin- und mineralhaltig ist Naturreis, Parboildreis enthält etwa 20 Prozent weniger Biostoffe, polierter Reis praktisch überhaupt keine mehr.

Nudeln

Weck den Italiener in dir – in acht bis 15 Minuten ist die Pasta fertig (siehe Seite 106/107), mit etwas Olivenöl und frisch geriebenem Parmesan oder leckerem Pesto aus dem Glas müssen Sie sich noch nicht einmal um die Sauce Gedanken machen.

Pizzateig

Als Resteverwertung eine runde Sache: selbst gebackene Pizza. Der Teig kommt aus dem Kühlschrank (Fertigteig zum Beispiel von Knack & Back) oder in Form von Trockenmix, den man nur noch mit Wasser und Öl anrühren muss.

Dazu als Erstausrüstung zum Würzen und Abschmecken:
Öl, Essig, Senf, Ketchup, Tomatenmark, Salz, Pfeffer, Zucker, Kräutermischung (getrocknet oder aus der Tiefkühltruhe), geriebener Käse (zum Beispiel Parmesan), Pesto im Glas.

Das darf nicht in den Kühlschrank

- Bananen: werden grau und matschig.
- Brot: wird altbacken und trocknet aus.
- Kartoffeln: entwickeln einen süßlichen Geschmack (Stärke wird zu Glukose gespalten).
- Olivenöl: flockt aus und nimmt erst wieder bei Raumtemperatur die ursprüngliche Form an.
- Schokolade: schmeckt zwar noch, sieht aber nicht mehr sehr lecker aus – die Kakaobutter tritt nach außen, bildet einen weißen Film.
- Tomaten: verlieren ihr Aroma oder können es gar nicht ausbilden.
- Zitrusfrüchte: werden braun und können ihr Aroma nicht entfalten.

Was kann jeder Mann kochen?

Praktisch alle großen Köche sind Männer. Doch selbst die sterngekrönten Meister der Haute Cuisine haben mit ziemlicher Sicherheit einmal klein angefangen – wahrscheinlich mit den drei Evergreens der Männerküche: Spaghetti, Bratkartoffeln und Omelett.

Spaghetti

Pasta muss schwimmen: Sie brauchen vier Liter Wasser für eine Packung (500 Gramm) Spaghetti. Einige Spritzer Olivenöl verhindern, dass Sie nach dem Essen den Herd putzen müssen (weil das Wasser übergeschäumt ist). Mehr Olivenöl ins Kochwasser zu geben, ist übrigens nur bei gefüllter Pasta (wie Ravioli) nötig, um die Reibung durch das Umrühren möglichst gering zu halten und das Aufplatzen zu verhindern.

Sobald der Topf einem Whirlpool gleicht, kommt Salz dazu. Wenn die Pasta später in gewürzter Sauce untertauchen darf, genügt eine gute Prise, sonst 1 bis 2 Teelöffel voll.

Dann den Deckel drauf und warten, bis das Wasser wieder sprudelnd kocht. Jetzt die Spaghetti zugeben – und zwar möglichst alle zur gleichen Zeit. Sind die Nudeln zu lang, drückt man sie mit dem Kochlöffel nach (Spaghetti zu brechen, ruft garantiert die Mafia auf den Plan). Umrühren nicht vergessen, sonst klebt am Ende alles zusammen. Die Hitze so runterschalten, dass das Wasser gemächlich weiterkocht, ohne den Herd vollzuspritzen.

Und wann ist die Pasta endlich fertig? Verlassen Sie sich lieber nicht auf die Packungsangaben. Denn die richtige Kochzeit variiert je nach Hitze, Leitfähigkeit des Topfes, dem Verhältnis von Wasser zu Nudel. Selbst ob Ihre Küche im Erdgeschoss oder im 35. Stockwerk liegt, spielt dabei eine Rolle. Deshalb: Immer mal wieder eine Nudel herausfischen (Vorsicht: Brandblasengefahr – siehe Seite 156) und probieren. Optimal sind Spaghetti „al dente“, also bissfest. Erkennungszeichen: Beim Biss in die Nudel erkennt man im Innern noch einen winzigen weißen Punkt. Zu lang gekochte Pasta wird kleistrig, sie ist nicht mehr elastisch, kann das Aroma der Sauce nicht richtig rüberbringen.

Spaghetti also rechtzeitig in ein Sieb abgießen, tüchtig dran rütteln und ab damit in die Sauce – die Sie hoffentlich in der Zwischenzeit fertig gestellt haben. Wenn nicht: Pesto aus dem Glas oder ein Stück Butter und frisch geriebener Parmesan tun’s auch.

Bratkartoffeln

So einfach das Gericht, so viele unterschiedliche Rezepte gibt es dafür. Zwei Grundvarianten konkurrieren um die Gunst der Geschmacksknospen auf Ihrer Zunge (Mengenangabe für vier Personen): Entweder Sie schälen 1 Kilo rohe Kartoffeln, schneiden sie in dicke Scheiben und lassen sie in etwa 15 bis 20 Minuten in heißem Fett (40 bis 60 Gramm) zugedeckt braten, bis sie fast gar und goldgelb sind. Dann weg mit dem Deckel und den Bratkartoffeln bei großer Hitze noch fünf bis zehn Minuten Zugabe gönnen, damit sie richtig kross werden (Wenden nicht vergessen).

Variante zwei: 1 Kilo Kartoffeln waschen und kochen (je nach Größe und Alter brauchen sie etwa 25 bis 30 Minuten). Abschütten und sobald Sie es Ihren Fingern zumuten können, die Kartoffeln schälen, in dicke Scheiben schneiden. Dann in heißem Fett (30 bis 40 Gramm) von allen Seiten goldgelb backen. Wem die Bratkartoffeln so zu puristisch schmecken, der darf natürlich mit Salz, Zwiebeln, Speck oder Paprikapulver etwas nachhelfen.

Omelett

Genau genommen ist jeder lumpige Pfannkuchen ein Omelett. Besonders locker und lecker wird das Ganze aber erst mit geschlagenem Eischnee: Pro Person zwei Eier trennen, das Eiweiß sehr steif schlagen, dabei einige Tropfen Zitronensaft zugeben (Tipp: Bei zu viel Coolness gibt es nicht nur beim Sex Probleme mit der Steife – deshalb nie Eier direkt aus dem Kühlschrank verwenden.)

Über den Eischnee 1/2 Esslöffel Mehl sieben, danach die verquirlten Eigelbe, 1/2 Esslöffel Milch und eine Prise Salz schnell unterheben. Eine Pfanne mit weicher Butter ausstreichen und den fertigen Omelettteig etwa zwei Zentimeter hoch einfüllen.

Jetzt haben Sie zwei Möglichkeiten: Entweder Sie backen die Unterseite auf dem Herd nur kurz an und stellen die Pfanne dann für acht bis zehn Minuten in den vorgeheizten Backofen (200° C, Achtung: Besser nur mit Pfannen ohne Kunststoffgriff versuchen!). Oder Sie lassen das Omelett auf dem Herd zugedeckt bei mittlerer Hitze aufgehen.

Optimal ist Ihr Omelett, wenn es oben und innen nicht mehr feucht, die Unterseite goldbraun ist. Passt so? Dann das Ganze zur Hälfte überklappen (vorher je nach Lust und Laune füllen, zum Beispiel mit Gemüse oder Ragouts) und sofort auf den Tisch bringen.

So frisch sind Ihre Eier

Wer Ihnen die Eier verkauft hat, wissen Sie noch ganz genau (als ob man so ein Lächeln jemals vergessen könnte!). Aber wann das war? Auch der Stempel auf dem Karton hilft nicht weiter – schließlich räumen Sie Ihre Eier immer sofort in das Ablagefach im Kühlschrank aus. Ob die Eier noch als Omelett oder nur noch zum Wurfgeschoss taugen, verrät dieser einfache Test:

- Frisch: Legt sich das Ei waagerecht auf den Boden eines gefüllten Wasserglases, ist es topfrisch.
- Genießbar: Ein mittelfrisches Ei stellt sich am Glasboden auf die Spitze. Man kann es noch bedenkenlos essen.
- Schlecht: Faule Eier stinken, sinken aber nicht. Schwimmt das Ei oben, ist es untendurch und ungenießbar.

Gibt es Rettung nach Kochpannen?

Pannen gibt es nicht nur im Bett („Ups, das Kondom ist weg“) oder auf der Autobahn („Ups, der Auspuff ist weg“). Auch beim Kochen kann so einiges schiefgehen. So vertuschen Sie die häufigsten Unfälle am Herd:

Eier platzen

Beim ersten verdächtigen Knacksen sofort einen guten Schluck Essig ins Kochwasser geben. Und das Eiweiß bleibt, wo es hingehört: in der Schale Ihres Frühstückseis. Falls Sie schon vor dem Kochen einen kleinen Sprung in der Schale entdecken: Das Ei einfach in Alufolie gewickelt in den Topf legen oder werfen.

Versalzene Suppe

Egal, ob Sie verliebt sind oder nicht: Wer beim Nachwürzen etwas zu großzügig war, hat noch eine letzte Chance – je nach Art der Suppe allerdings eine andere: Bei klaren, würzigen Suppen wird einfach mit etwas Wasser gestreckt. Feinere Süppchen rettet ein Eiweiß, das man in die Brühe quirlt, gerinnen lässt und anschließend wieder rausfischt – es hat den größten Teil der Überdosis Salz aufgenommen. Bei gebundenen Suppen oder Eintöpfen können zwei halbe, rohe Kartoffeln diese Rolle übernehmen: fünf Minuten mitkochen lassen (selbst bei Kartoffelsuppen das Entfernen vor dem Servieren nicht vergessen).

Suppe zu fett

Falls noch Zeit ist: ab mit dem Topf in den Kühlschrank oder ins Gefrierfach (Sprintmethode). Das erstarrte Fett lässt sich dann leicht abheben. Ach, Ihre Gäste sitzen bereits mit dem Löffel in Startposition? Versuchen Sie Ihr Glück mal mit einigen Salatblättern. Nicht als Ersatz für die Suppe, sondern als Fettfänger: in den Topf geben und gleich wieder rausziehen. Wenn auch das nichts mehr bringt, hilft leider nur noch: Fettaugen zu und durch.

Angebranntes Hähnchen

Ausziehen! Nicht Sie, das gebratene Tier. Die verbrannten Hautstellen lösen und dem nackten Fleisch mit Bratensauce die Blöße nehmen (sprich: einpinseln). Ist der Hahn innen noch gar nicht gar: schwarze Haut ablösen, Speckstreifen drauflegen (sonst trocknet das Fleisch aus) und ganz normal weiterbraten.

Fleisch klebt an der Pfanne fest

Da hilft nur rohe Gewalt: Das Fleisch brutal lösen, in einer anderen Pfanne Fett erhitzen und den Braten dort fertig garen. Kurzbratfleisch (zum Beispiel Steaks) sollte man vor dem Umbetten in Mehl wenden, abklopfen und nochmals knusprig werden lassen.

Zusammenklebende Nudeln

Den Nudelklumpen in ein Sieb geben, kalt abbrausen und mit wenig Öl durcheinandermengen. Alternativversuch: Die Spaghetti in einem Sieb über Wasserdampf nochmals erwärmen.

Angebrannte Kartoffeln

Auch wenn in der Zeitung mal wieder von Wasserknappheit die Rede war: Beim Kartoffelkochen haben Sie am falschen Ende gespart. Denn jetzt müssen Sie einen zweiten Topf mit Wasser füllen. Die Kartoffeln dann vorsichtig umtopfen (natürlich ohne die unterste, angekokelte Lage). Nochmals nachsalzen (vertreibt den Brandgeschmack) und fertig kochen.

Zerkochtes Gemüse

Ein Bad in Eiswasser kann etwas Knackigkeit zurückbringen. In schweren Fällen hilft aber auch das nicht mehr. Statt den Mülleimer mit dem Gemüse zu füttern, servieren Sie es püriert und mit Sahne verfeinert als Suppe.

SO MACHT MANN DAS

Welker Salat

Die gute Nachricht: Ein Bad in Eiswasser und einer rohen, geschälten Kartoffel als Badezusatz gibt den Blättchen wieder etwas ihrer alten Festigkeit zurück. Die schlechte Nachricht: Die Vitamine sind unwiederbringlich verloren.

Sauce hollandaise gerinnt

Eben war alles noch in Ordnung, jetzt haben Sie nur noch kleine Flöckchen in der Schüssel. Schnell einen Tee- bis Esslöffel (je nach Saucenmenge) eiskaltes Wasser oder einen Eiswürfel zugeben und mit dem Schneebesen einrühren – schon ist die kritische Situation wieder geglättet.

Selbst gemachte Mayonnaise gerinnt

Ähnliches Problem, gegensätzliche Lösung: Diesmal heißes Wasser tropfenweise zugeben und die Mayo wieder glatt rühren.

Überkochende Milch

Falls Sie die nächsten Tage nicht im Brandgeruch verbringen möchten: runter mit dem Topf, die Milchreste sofort mit einem feuchten Tuch wegwischen und einige Spritzer Essig auf die noch heiße Herdplatte geben.

DIE GROSSE KOCH-SHOW

5

LET'S PARTY!

7 Fragen an den perfekten Gastgeber

Was tun, wenn das Essen nicht reicht?

„Es macht dir doch hoffentlich nichts aus, dass ich Therese mitgebracht habe?“ Natürlich nicht. Zumindest nicht, wenn sie sich ihr Essen selbst mitgebracht hat. Denn für einen zusätzlichen Magen reicht Ihr Menü eigentlich nicht. Außer, Sie strecken unauffällig:

Suppe

Die einfachste Übung: Die wundersame Suppenvermehrung braucht weniger religiösen Glauben als – je nach Zubereitungsart – Fertigfond aus dem Glas, Wasser, Sahne, pürierte Tomaten oder anderes Gemüse (aus der Dose oder dem Tiefkühlgerät) ... Wird das Ganze dadurch etwas fade, helfen zum Beispiel gekörnte Gemüsebrühe oder Röstzwiebeln. Damit schon Gang Nummer eins den Magen füllt, sollten Sie auch über die Suppeneinlage nachdenken. Als unauffällige Notlösung eignen sich beispielsweise in der Pfanne geröstete Brotwürfel oder direkt in der Suppe gekochte Eier (in einen Suppenlöffel schlagen und vorsichtig in den Topf gleiten lassen, damit sie nicht ganz zerfließen).

SO MACHT MANN DAS!

Salat

Was Sie mengenmäßig wegnehmen, müssen Sie durch aufwendigere Garnitur zugeben. Verteilen Sie den Salat auf Tellern und dekorieren Sie mit frischen Kräutern, Nüssen, Sonnenblumenkernen ... – das Auge isst mit. Das macht zwar nicht satter, doch wenigstens fällt so nicht wirklich auf, dass auf dem Teller noch Platz gewesen wäre.

Fleisch

Bei Braten und ähnlicher Stückware müssen Sie nur dünner schneiden. Bei Steaks und ähnlichen Einzelstücken bleibt Ihnen nur der kurzfristige Wechsel zu Geschnetzeltem. Eine Sauce dafür lässt sich zum Beispiel mit Sahne, Wein und Gemüsebrühe in Sekundenschnelle in die Pfanne zaubern.

Beilagen

Je mehr, je besser. Nach dieser Devise kaschierten schon sozialistische Köche den Mangel mit Sättigungsbeilagen. Gut, dass Sie immer Nudeln, Schnell-Reis und Kartoffel-Fertigprodukte zu Hause haben. Vom Tiefkühlgemüse ganz zu schweigen. Haben Sie nicht? Dann können wir für Sie nur noch hoffen, dass wenigstens Ihr Brotkasten gut gefüllt ist.

Dessert

Warum das Menü nicht ganz mediterran abrunden? Einen Obst- und einen Käseteller wird Ihre Vorratskammer beziehungsweise Ihr Kühlschrank ja hoffentlich noch hergeben. Und spätestens, wenn sich keiner Ihrer Gäste ausgehungert auf die Kekse zum Espresso stürzt, können Sie sicher sein, dass es gereicht hat.

Kleine Mengenlehre für Köche

Ganz normale Durchschnittsesser bekommen Sie ungefähr mit diesen Mengen satt (Angaben pro Person):

Suppe als Vorspeise	1/4 l
Suppe als Hauptgericht	1/2 l
Fleisch mit Knochen	150-200 g
Fleisch ohne Knochen	100-150 g
Steak	150 g
Brathuhn	250 g
Fisch	200-250 g
Fischfilet	150-200 g
Gemüse als Beilage	200-250 g
Gemüse als Rohsalat	100-150 g
Kartoffeln als Beilage	200-250 g
Nudeln als Beilage	50-70 g
Nudeln als Hauptgericht	80-120 g
Reis als Beilage	50-70 g
Reis als Hauptgericht	60-100 g
Sauce	1/8 l

Wie rette ich den Wein, wenn der Korken abbricht?

Den Kürzeren haben Sie in Ihrem Leben schon öfters gezogen. Leider auch heute Abend, als Sie der netten Nachbarin ein Glas Rotwein eingießen wollten – als Dank fürs Blumengießen. Der längere Teil des Korkens ist im Flaschenhals stecken geblieben. Um den Wein und den Abend zu retten, haben Sie genau zwei Möglichkeiten:

1. Ihr Haushalt führt ein professionelles Kellnermesser. Umfassen Sie den Flaschenhals mit einer Faust und setzen Sie den Korkenzieher im 45° C-Winkel an. Durch die Öffnung Ihrer Faust drehen Sie die Spirale in den Korkenrest und ziehen ihn mithilfe des Hebels auf dem Flaschenrand aus selbiger.

2. Ihr Haushalt führt kein professionelles Kellnermesser oder Sie können damit nicht umgehen. In diesem Fall müssen Sie den restlichen Korken vollends in die Flasche drücken (zum Beispiel mit einem Löffelstiel). Danach schütten Sie den Wein durch einen Kaffeefilter in eine Karaffe. Wenn Sie Glück haben, hat Ihre Nachbarin nichts gemerkt und Sie zeigen mit einem schlauen Spruch à la „guter Wein muss atmen“, dass Sie ein echter Kenner sind.

Was hilft, wenn ich das falsche Thema angesprochen habe?

Smalltalk ist wichtig für einen guten Gastgeber. Man redet viel, ohne was zu sagen, und zur Not kann man ja immer übers Wetter sprechen. Das hilft allerdings nur bedingt, nachdem Sie im Gespräch verbal ausgerutscht sind. So reagieren Sie richtig, bevor die Stimmung vollends auf Tief dreht:

Ablenkung

Haben Sie immer ein „apropos" im Hinterkopf, mit dem Sie das Gespräch in eine völlig neue Bahn lenken können. Als Stichpunkte eignen sich vor allem Worte und Elemente aus einem der zuletzt gesagten Sätze, also bevor Sie in den Fettnapf getreten sind.

Umdeuten

Statt das Thema komplett in eine neue Richtung zu lenken, können Sie auch nur auf einen anderen, günstigeren Aspekt des Fehlgriffthemas überleiten. Damit belegt man das Thema neu, signalisiert dem Gegenüber Interesse und Höflichkeit.

Rückwärtsgang

Sie haben sich zuvor über ein Thema gut unterhalten? Dann kehren Sie doch dahin zurück. Mit einem: „Also, Sie sagten doch vorhin ...", sind Sie zurück auf sicherem Boden.

Vollbremsung

Wenn Sie sich völlig verrannt haben, hilft nur, den verbalen Fehler offensiv anzusprechen, sich zu entschuldigen. Aber ohne Rechtfertigungsversuche, denn die machen oft alles noch viel schlimmer. Nach dem Sorry sollten Sie sich möglichst schnell verabschieden – vom Thema oder auch ganz.

Was hilft, wenn der Besuch nicht mehr gehen will?

Der Abend war schön gewesen. Doch das ist schon lange her. Nur blöd, dass sich das Zeitgefühl Ihrer Gäste irgendwann zwischen dem dritten und fünften Glas Chianti verabschiedet haben muss – ganz im Gegenteil zu den Gästen selbst. Rausschmeißen wäre unhöflich. Rauskomplementieren ist es nicht:

- Noch ein Glas? Oh, wie blöd, der Wein ist alle. Das Bier auch. Selbst Wasser scheint in Ihrer Wohnung plötzlich Mangelware zu sein. Dafür haben Sie noch jede Menge Salzstangen parat. Sitzen Ihre Gäste erstmal auf dem Trockenen, verebbt der Gesprächsfluss schnell – höchste Zeit, zur nächsten Oase weiterzuziehen.

- Auch das Gegenteil kann zum Erfolg führen: Erhöhen Sie den Ausstoß an alkoholischen, kohlensäurehaltigen Getränken. Die sind besonders harntreibend. Wie dumm, dass ausgerechnet jetzt das Klo streikt ...

- Beziehen Sie die Gäste in die Aufräumarbeiten ein („Kannst du das mal bitte in die Küche bringen ...“). Das ist nicht nur ungemütlich, es signalisiert faulen Besuchern auch: höchste Zeit, sich zu verziehen, bevor es anstrengend wird.

- Wenn gar nichts hilft: Raus mit der Sicherung! Wie gut, dass Sie wenigstens eine Taschenlampe zur Hand haben, mit der Sie die Gäste sicher ins Treppenhaus geleiten können.

Wie kriegt man das After-Party-Chaos schnell in den Griff?

Gratuliere, Ihre Party wird so schnell keiner vergessen. Auch Ihnen wird sie morgen sofort nach dem Aufwachen präsent sein. Nicht nur wegen der brummenden Kopfschmerzen. Sondern auch wegen des Schlachtfelds, das einmal Ihre Wohnung war. Die Topfpflanzen wurden als Ascher, die Katze als Wischmopp missbraucht und der Boden ist ein Mosaik aus halb vollen Pappbechern und halb gegessenen Pizzaecken. Danke, da legen Sie sich doch lieber wieder ins Bett. Tja, vielleicht hätten Sie doch noch gestern Abend schnell etwas Ordnung in das Chaos bringen sollen ...

Essensreste

Ab in den Müllsack mit allem, was morgen nicht mehr genießbar ist: zum Beispiel angemachter Blattsalat, alles mit Mayonnaise oder rohen Eiern (Salmonellengefahr), Brot (trocknet aus), Knabberkram (ist total verräuchert). Der volle Müllsack wird vor der Tür zwischengelagert.

Aschenbecher

Damit der abgestandene Mief Ihrem sensiblen Magen morgen nicht den Rest gibt, leeren Sie die Aschenbecher in einen Eimer mit Wasser (verhindert, dass Sie später vom Geräusch der Feuerwehraxt beim Durchschlagen Ihrer Eingangstüre geweckt werden).

Gläser und Flaschen

Wenn man die Augen nur halb öffnen kann, werden halb leere Bierflaschen und Weingläser schnell zur Stolperfalle. Deshalb: alle vor dem Karussellfahren im Bett einsammeln und ausschütten. Wenn Sie es noch schaffen, die Flaschen in Tüten oder Kästen vor die Tür und die Gläser in den Geschirrspüler zu befördern: Gratulation. Falls Sie lieber von Hand spülen (keine Angst, das reicht auch noch morgen), sollten Sie zumindest Cocktailgläser kurz unterm Wasserhahn ausspülen, bevor sich die Zuckerränder unwiderruflich festsetzen. Auch Glasränder auf Ihrem antiken Holztisch sollten Sie noch wegwischen – sonst bleibt Ihnen das Fest nicht nur wegen der anwesenden Mädels in Erinnerung.

Besteck und Teller

Wenn Sie alles über Nacht in Spülwasser einweichen, können Sie sich morgen wieder schneller zum Leiden ins Bett zurückziehen.

Frischluft

Sie haben es geschafft. Nur noch kontrollieren, ob wirklich alle Partygäste weg sind (nicht, dass Sie morgen auch noch Frühstück servieren müssen), kurz lüften oder das Fenster in Kippstellung lassen und dann nichts wie ab ins Bett zu Chris. Oder hieß sie Eva?

Wie überlebt man den Morgen danach?

Der Morgen danach kann schrecklich sein: Der Kopf brummt, die Augen sind kaum zu öffnen und wer ist eigentlich diese Frau da neben Ihnen? Ihren Filmriss müssen Sie schon selbst kleben. Für alles andere gibt es Tricks, die Sie wieder zum Menschen machen:

Durchatmen

Auch wenn das Aufstehen noch so schwerfällt: Quälen Sie sich aus dem Bett, möglichst gleich in Richtung Fenster – eine Portion Sauerstoff ist jetzt genau das Richtige für Sie. Die Muskeln dabei etwas zu strecken, kann auch nicht schaden. Den Wiederbelebungsversuch unterstützen Sie am besten mit einem Glas Wasser. Kombiniert mit etwas Vitamin C und Magnesium (als Brausetabletten), haben Sie gute Chancen, den Restalkoholnebel schnell zu lichten.

Grobrestauration

Ihr Atem ist nicht gerade kussecht. Deshalb greifen Sie zur eukalyptushaltigen Zahnpasta, die Sie für Notfälle immer griffbereit haben sollten. Und vergessen Sie beim Schrubben bloß Ihre Zunge nicht, denn in den feinen Furchen dort fühlen sich die Stinke-Bakterien besonders wohl! Zum Schluss mit der Zahnbürste bitte auch noch vorsichtig über die Lippen fahren (macht die durch trockene Fetenluft spröde gewordenen Kussorgane wieder samtweich).

Falls Sie inzwischen schon fähig sind, die Rasierklinge zu führen, ohne ein Blutbad anzurichten, wäre jetzt der ideale Zeitpunkt. Ohne Bartstoppeln fallen Ihre zugeschwollenen Augen noch mehr auf? Suchen Sie die restlichen Eiswürfel zusammen, und ab damit ins (mit kaltem Wasser gefüllte) Waschbecken. Und dann ab damit ins Gesicht, und zwar so lange, bis alles Eis geschmolzen ist. Das macht nicht nur einen unheimlich männlichen Eindruck, es verengt auch die durch den einen oder anderen Wodka erweiterten Hautporen.

Wasserspiele

Unter der Brause bringen Duschgels mit ätherischen Ölen und Menthol den Kreislauf wieder in Schwung. Und bevor Sie zum kuschelweichen Handtuch greifen, wird das Ganze mit Wechselduschen (dreimal Wechsel heiß/kalt) noch auf die Spitze getrieben.

Feintuning

Fett- und feuchtigkeitshaltige Cremes reichen heute garantiert nicht aus, um wieder etwas Farbe in Ihr Gesicht zu bringen. Sie brauchen jetzt hochaktive Energiesubstanzen – vielleicht hat eine Ihrer früheren

Bekanntschaften ja mal einen Tiegel mit sauerstoff- oder mineralienhaltigen Cremes im Bad vergessen? Auch eine Augencreme mit Koffein könnte nicht schaden (regt das Lymphsystem an, lässt so Lider und Tränensäcke schnell abschwellen). Vielleicht ist Ihnen bei all dem ja auch der Name der Schönheit wieder eingefallen, die Sie in alter Frische gleich neu kennen lernen können.

Was bringt meine Stimme zurück?

Reden ist Silber, Schweigen ist Gold – wenn diese Regel stimmt, sind die kommenden Tage viel wert für Sie. Denn durch Über- und Fehlbelastung haben Sie sich selbst stumm geschaltet. So kommen Sie wieder zu Wort:

Gurgeln

Lauwarmes Salzwasser schmeckt zwar eklig, aber Sie sollen es ja auch nicht trinken, sondern nur damit gurgeln.

Inhalieren

Ein Dampfbad mit Kamille oder Teebaumöl beruhigt die strapazierten Stimmbänder und ist nebenbei noch gut für die Haut.

Trinken

Aber nur warme Kräutertees. Von Alkohol und anderen „scharfen" Sachen (zum Beispiel auch saure Fruchtsäfte) sollten Sie in den nächsten Tag den Rachen lassen.

Atmen

Staubtrockene und kalte Luft ist jetzt ungefähr genauso „nützlich“ wie Zigarettenrauch.

Schweigen

Am besten, Sie halten für ein paar Tage den Mund. Auf keinen Fall sollten Sie aber versuchen, Ihre Stimme durch Flüstern zu schonen. Denn das bewirkt das genaue Gegenteil: Beim Flüstern müssen die Stimmlippen so straff angespannt werden, dass sie dicht aneinanderliegen, keinen Ton mehr durchlassen. Und Anspannung ist das Letzte, was Sie Ihrem Stimmapparat in dieser Situation zumuten sollten.

SO MACHT MANN DAS!

Erste Hilfe bei Kater

Falls Sie noch fähig sind zu lesen, helfen folgende Zeilen (am besten auf nüchternen Magen):

- Viel trinken – zur Abwechslung aber mal keinen Alkohol. Denn der hat Ihr Hormonsystem und damit den Flüssigkeitshaushalt Ihres Körpers schon genug durcheinandergebracht. Vor allem Ihre grauen Zellen werden trockengelegt. Folge: Das Gehirn schrumpft und wehrt sich mit Kopfschmerzen. Optimal geeignet, der Denkmaschine neues Leben einzuflößen, sind Sportgetränke (bringen nebenbei auch den Mineralstoffhaushalt wieder in Ordnung) oder Kräuter- und Früchtetees mit Zucker (denn durch den verstärkten Alkoholabbau in der Leber ist Ihr Blutzuckerspiegel gesunken).

- Wenn Sie es in den nächsten Bioladen schaffen, fragen Sie dort nach N-Acethyl-Glycystein (NAC). Ein, zwei Gramm der Ökoarznei sollen die Produktion von Gluthation beschleunigen. Und diese Substanz spielt eine wichtige Rolle beim Alkoholabbau.

- Weitermachen, wo Sie gestern aufgehört haben, ist ein zweischneidiges Schwert: Zum einen werden dadurch zwar die Abbauprodukte des Alkohols schonender und dadurch schmerzfreier aus dem Körper gebracht. Leider verlängert sich so aber auch die Gesamtleidenszeit.

- Besser als Notfallhilfe ist natürlich Prävention – und keine Angst, wir wollen Sie jetzt nicht zum Abstinenzler machen. Beugen Sie dem schweren Kopf lieber vor, bevor Sie halbtot ins Bett fallen: als Absacker einen Liter Mineralwasser trinken (wirkt wie eine Waschmaschine für die Nieren, deren Umsatz gesteigert wird) und eine Viertelstunde Sauerstoff tanken – den braucht der Stoffwechsel in der kommenden Nacht für seine Mehrarbeit.

CAUTION
WET FLOOR

6 SAUBERE ARBEIT

Die 8 drängendsten Putz- & Pflegefragen

Was beschleunigt den Frühjahrsputz?

Doch, es ist schon wieder so weit. Und nein, das kann nicht warten, bis draußen wieder schlechteres Wetter herrscht. Halten Sie sich einfach an unsere Grundregeln, dann haben Sie das Schlimmste schnell hinter sich.

Kopf hoch!

Alles Gute kommt von oben – in Ihrem Fall die Reinheit. Denn man putzt immer von oben nach unten, beginnt also mit den Lampen, auf dem Schrank ... – und endet irgendwann beim Parkett beziehungsweise Teppichboden. So behält man den Überblick und zwingt den Schmutz zu Boden, wo man ihm den Garaus macht.

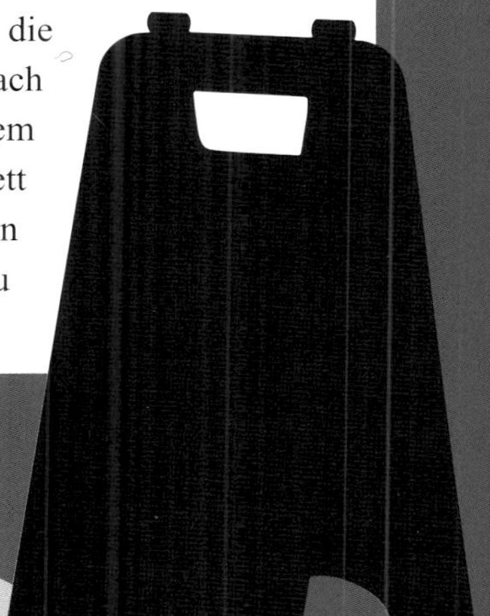

Anziehend

Damit Sie den Staub entfernen, statt ihn nur umzuverteilen, benutzen Sie einen antistatischen Staubwedel (gibt's auch in der Einmalversion). Alternativ können Sie Schränke, Regale & Co. auch absaugen und hinterher feucht abwischen.

Wisch und weg

Polstermöbel mit Stoffbezug saugt man einfach ab, Leder wird feucht abgewischt und anschließend mit speziellem Lederpflegemittel eingerieben. Lackiertes Holz und funierte Flächen reinigen Sie einfach mit einem feuchten Lappen oder einem Mikrofasertuch.

Und runter!

Parkett- und Korkböden erst mit einem weichen Aufsatz saugen, dann mit nebelfeuchtem Tuch wischen (eventuell etwas Spezialreiniger zugeben, ersatzweise verdünnter Alkohol.) Teppichböden einfach gründlich saugen. Spezielle Schaumreiniger müssen zur Intensivreinigung höchstens im Fünfjahresrhythmus ran. Entscheidend für den Putzerfolg ist die Richtung: Schrubber immer in Form einer 8 über den Boden kreisen lassen, ohne anzuheben – sonst fällt der Schmutz zurück. Beim Saugen gilt: Große Flächen im Zickzack, bei schweren Möbeln von mehreren Standorten aus fächerförmig. Und: Je langsamer die Düse über den Teppich läuft, desto mehr nimmt sie auf.

Sicher sauber

Hinterm Steuer und im Bett sind Sie seit Jahren unfallfrei unterwegs? Das bedeutet noch lange nicht, dass Sie einen solchen Großputz unterschätzen sollten – und wir reden jetzt nicht nur von dem wackeligen Hocker, auf dem Sie mangels Leiter stehen, um den Kleiderschrank mal von oben zu sehen. Tragen Sie vorsichtshalber lieber rutschfeste, flache Schuhe mit Profilsohle, die den Fuß umschließen. Kapuzenpullis mit Kordeln (Verhedder- und Strangulationsgefahr) bleiben genauso im Schrank wie alles mit weiten Schlotterärmeln. Außerdem: Kabel nie quer durch den Raum spannen!

Wie werden Fenster wirklich sauber?

Es kann nicht schaden, den Durchblick zu bewahren – vor allem zu Hause! So werden Ihre Fensterscheiben glasklar:

Waschen

Sprühen Sie warmes Wasser, gemischt mit etwas Essig oder Spiritus, aufs Glas. Ein Fensterleder hilft Ihnen, in alle Ecken zu kommen.

Wischen

Wischen Sie mit zerknülltem Zeitungspapier nach, das lässt die Scheiben schön glänzen. Um eventuelle Schmierstreifen gleich richtig zuordnen zu können, wischen Sie außen quer, innen von oben nach unten.

Warten

Fensterputzen ist tabu an sonnigen Tagen, denn dann trocknen die Scheiben zu schnell und bleiben fleckig. Ist die Luft etwas feuchter, sieht man außerdem Fingerabdrücke auf dem Fensterglas besser

Was gehört zum Kloputz?

Warum pinkeln Männer im Stehen? Weil Sie nie das Klo putzen müssen. Von wegen, die verleumderischen Äußerungen aus weiblichem Mund werden Sie sofort ein für alle Mal gründlich widerlegen:

Mit Handschuhen, Putzlappen und -mittel bewaffnet, betreten Sie den Ort des Geschehens. Zuerst wird der Toilettensitz abmontiert und eingeweicht – in einen Mix aus Wasser und WC-Reiniger (Mischungsverhältnis 3:1, am besten in einem großen Kunststoffbottich, zur Not geht aber auch die Badewanne). Nach anderthalb Stunden mit klarem Wasser abspülen und wieder anmontieren.

Die Wartezeit nutzen Sie, um den Rest der Toilette frisch zu machen: Den oberflächlichen Schmutz wischen Sie mit Wasser und Essigreiniger weg. Dann aus Toilettenpapier eine Papiermanschette basteln, in WC-Reiniger tränken und unter den Toilettenrand schieben. Eine Stunde einwirken lassen, die Papiermanschette wieder entfernen (in den Müll werfen, nicht runterspülen!) und mit einem groben Schwamm nachscheuern. Schon ist das Klo bereit, mit einem gezielten Strahl eingeweiht zu werden.

Schwierige Putzprobleme

Einfach wisch und weg – schön wär's. Doch nicht jede Verschmutzung hält sich so einfach an das, was die TV-Werbung verspricht. Mit diesen Geheimtipps erfahrener Putzfrauen werden Sie drei besonders hartnäckige Vertreter trotzdem los:

Im Backofen
Bedecken Sie den Boden mit Speisesalz und lassen Sie den Backofen eine halbe Stunde lang auf 100° C heizen. Das Salz verbindet sich dabei mit den Fettspritzern und die können anschließend gut weggewischt werden.

An den Armaturen
Schnellste und billigste Methode gegen Verkalkungen: die Stellen mit einer halben Zitrone einreiben, eine Viertelstunde einwirken lassen und abspülen. Alternative: ein feuchtes Tuch mit Geschirrspülmittel beträufeln, um die Armatur wickeln, nach 30 Minuten abnehmen und nachspülen.

Hinterm Heizungskörper
Besorgen Sie sich eine Flaschenbürste, die Sie, wenn nötig, mit einem Lineal verlängern – so kommen Sie auch an die Lamellen und die Rückseite des Heizkörpers.

Mit welchen Tricks arbeiten eigentlich Hausfrauen?

Über die Waffen der Frauen ist viel geschrieben worden. Und über die geheimen Waffen der Hausfrauen? Pssst, einfach hier weiterlesen ...

Glycerin ins Eisfach

Das Gefrierfach Ihres Kühlschranks vereist nicht so schnell, wenn man es mit ein wenig Glycerin ausreibt. Bildet sich trotzdem eine Eisschicht, lässt die sich wenigstens leichter entfernen.

Honig gegen Ungeziefer

Etwas Honig auf ein Stück Pappe, ab damit in die Ecke und warten, bis die Silberfischchen angelockt werden und kleben bleiben.

Zahnseide zum Putzen

So eng wie zwischen Ihren Zähnen geht es teilweise auch in Ihrer Wohnung zu: zwischen Wasserhahn und Waschbecken zum Beispiel. Oder an den Metallgliedern Ihrer Armbanduhr. Gut, dass Sie Zahnseide zur Hand haben ...

Kaffee für saubere Hände

Kaffeesatz und Spülmittel sind die beste Handwaschkombi, wenn Sie wieder mal an Ihrer Karre rumgeschraubt haben. Der Kaffee wirkt als Schleifmittel, das Spüli löst das Fett.

Olivenöl fürs Nageln

Sie wohnen im Altbau? Dann reiben Sie Nägel mit Olivenöl ein, bevor Sie diese in der Wand versenken. So gleiten sie, ohne dass Ihnen gleich der Putz entgegenkommt.

Aspirin für Ihre Pflanzen

2 Tabletten auf 1 Liter Wasser auflösen und damit die Pflanzen einmal im Monat gießen – verhindert wirkungsvoll, dass Sie sich wegen Blattläusen & Co. einen Kopf machen müssen.

Kartoffeln an die Wand

Reiben Sie Ihre Duschwand mit einer frisch aufgeschnittenen Kartoffel ein, perlen Tropfen viel schneller ab.

Cola gegen Rost

Zange verrostet? Baden Sie sie eine Stunde lang in Cola. Die enthaltene Phosphorsäure wirkt hoch korrosiv, Zuckersäuren beschleunigen den Auflösungsprozess.

Alufolie für neue Schärfe

Mit einer stumpf gewordenen Schere mehrmals in Alufolie schneiden – der entstehende Abrieb schärft sie nach.

Essig gegen Fruchtfliegen

1 Teil Essig, 2 Teile Wasser, 3 Teile Fruchtsaft und einige Tropfen Spülmittel mixen und in eine kleine Schale geben. Essig und Saft locken die lästigen Kleinviecher an, Spülmittel nimmt die Oberflächenspannung, die Fliegen gehen unter.

Backpulver auf die Fugen

Backpulver auf ein feuchtes Tuch streuen und damit die Fliesenfugen abreiben. Das Pulver reagiert bei Kontakt mit Wasser zu Kohlensäure, die perfekt reinigt.

Zeitung ins Loch

Alte, hässliche Bohrlöcher stopft man mit etwas nassem Zeitungspapier aus (zu Würsten gedreht). Dann mit Gips abdichten. Das Papier dehnt sich beim Trocknen aus, der Gips zieht sich beim Aushärten nicht ins Loch.

Wie überleben Pflanzen?

Ihre Augen sind blau, für die Zukunft Ihrer derzeitigen Beziehung sehen Sie schwarz und Ihre Ferien verbringen Sie am liebsten am Roten Meer. Doch wie sieht es mit Ihrem Daumen aus? Grün? Wenn nicht, sollten Sie vielleicht noch einiges über den Umgang mit Zimmerpflanzen lernen:

- Ohne Licht überlebt nichts Grünes – außer es ist aus Plastik. Faustregel: Blühende Pflanzen brauchen mehr Licht als Grünpflanzen.

- Halten Sie die Temperatur möglichst konstant. Bei zu großen Schwankungen werden Blattränder schnell braun, fallen Blüten ab, lässt das Wachstum nach. Das Gleiche passiert auch, wenn die Zimmerluft staubtrocken ist.

- Zum Gießen kein eiskaltes Wasser verwenden – den Schock würde keine Pflanze auf Dauer überleben. Und übertreiben Sie es nicht mit der Wasserzufuhr: Tritt auf leichten Druck Wasser aus der Erde, haben Sie die Pflanze zu stark gegossen. Nehmen Sie sie aus dem Topf, schütteln die Erde ab und topfen sie um.

- Auch wenn Ihnen der Staubfilm auf den Blättern weniger auffällt als der auf Ihrem Fernseher: Wischen Sie glatte Blätter regelmäßig mit einem Lappen ab. Auch Absprühen mit lauwarmem Wasser könnte gelegentlich nicht schaden.

- Je dickfleischiger die Blätter einer Pflanze, desto eher überlebt sie Dürreperioden. Auch nach vier wasserlosen Wochen noch wie eine Eins stehen beispielsweise Geldbäume und Sansevierien da.

Was bringt mein Auto zum Strahlen?

Das Aussehen ist ganz egal, Hauptsache die inneren Werte stimmen. Wenn Sie mal wieder den freien Platz in Ihrem Bett besetzen wollen, ist dies garantiert nicht Ihre Maxime. Warum halten Sie sich dann bei Ihrem Auto daran? Höchste Zeit, die Dreckschicht zu entfernen und Ihrem treuesten Gefährten wieder etwas von seinem alten Glanz zurückzugeben:

Lack

Mit Hochdruck(-strahler) machen Sie dem gröbsten Dreck den Garaus. Dann wird der Lack einshampooniert, abgespült und abgeledert. Wem das zu aufwendig ist, der gönnt seinem Auto eine Dusche mit entmineralisiertem Wasser (gibt's in vielen Waschanlagen als Extra). Sobald der Wagen wieder trocken hinter den Außenspiegeln ist, tragen Sie mit einem weichen Frotteetuch Wachs auf. Kurz trocknen lassen und polieren – und zwar per Hand, denn Poliermaschinen (oder Aufsätze für die Bohrmaschine) hinterlassen bei falscher Handhabung hässliche Spuren auf dem Lack.

Glas

Wasser und Spülmittel sorgen für den ersten Lichtblick. Dann die Seitenfenster bis zur Hälfte herunterlassen, um Spuren der Dichtgummis an den Oberkanten zu beseitigen. Ihre Arbeitsgeräte: ein fusselfreies Tuch und Glasreiniger. Die Fenster wieder nach oben kurbeln und den unteren Teil mit neuem Tuch putzen. Und vergessen Sie nicht die

Innenseiten: Ausdünstungen (von Ihnen, Ihren Zigaretten oder Abgase) trüben die Sicht.

Cockpit

In Ihrem Wagen ist innen alles aus Wurzelholz? Dann soll sich doch Ihr Chauffeur darum kümmern. Alle anderen reinigen Türverkleidungen und Armaturen nicht mit Kunststoffreinigern. Denn damit glänzen die Oberflächen zwar schön, ziehen aber künftig doppelt so viel Staub an, riechen komisch und wirken irgendwie schmierig. Besser: die Flächen mit einem ganz normalen Putzschwamm und einem Gemisch aus lauwarmem Wasser mit Glasreiniger abwaschen. Nachreiben mit einem Frotteelappen sorgt für den nötigen Glanz.

Sitze/Teppiche

Vor dem Saugen Haare oder Fussel mit einer Nagelbürste aus dem Pols-ter lösen. Beim Saugen die Spalte (zum Beispiel zwischen Sitz und Lehne) nicht vergessen. Nach dem Saugen überlegen, wann Sie dem Innenraum das letzte Mal eine intensive Nasskur spendiert haben (mit einem Teppichreinigungsgerät, das man zum Beispiel in vielen Drogerien leihen kann).

Luft

Wenn es Ihnen nicht nur beim Stau im Auto stinkt, sollten Sie mal eine Tasse frisch gemahlenen Kaffee oder ein Glas Essig über Nacht im Wagen stehen lassen. Mieft es anschließend immer noch, müssen Sie zu speziellen Geruchsneutralisierern (gibt's in jedem Supermarkt) greifen. Einfach aufsprühen, die Stinkmoleküle werden auf chemischem Weg neutralisiert. Aber sparen Sie sich die Vanille- oder Pfirsichdusche nach der Waschanlage: Was da für eine Mark ins Auto geblasen wird, sind nur Aromen, die den Mief einfach überdecken sollen.

Wie wird mein Mountainbike wieder sauber?

Zuerst kommt der Spaß, dann die Abreibung: In 7 Schritten bringen Sie Ihr Mountainbike wieder auf Hochglanz:

Rahmen

Das Bike mit klarem Wasser übergießen und kurz einweichen lassen. Neues Wasser holen, etwas Autoshampoo rein und dann den Rahmen mit einem Schwamm gründlich abreiben. Achtung: Hochdruckreiniger sind tabu, damit spült man das Fett aus den Lagern!

Federung

Der Dreck muss raus, damit die Gabel und der Dämpfer einwandfrei arbeiten. Deshalb: Schwamm mit Wasser tränken und sorgfältig spülen!

Felgen und Speichen

Ziehen Sie den Schmutz mit dem Schwamm in Richtung Reifen ab, nicht in Richtung auf die schwer zugänglichen Naben putzen. Den Felgen von beiden Seiten eine Abreibung verpassen.

Nabe

Schwamm durch die Speichen drücken, rundrum wischen und ihn zum Schluss über der Nabe auswringen.

Kette gut einschäumen und dann durch eine Wurzelbürste ziehen. Mit dem Schwamm nachreinigen und an der Luft trocknen lassen, zum Schluss ölen.

Schaltwerk

Das Mountainbike aufbocken, die Wurzelbürste an das Rädchen halten und ein Pedal drehen. Zum Schluss wieder nachfetten.

Ritzel

Mit Wurzelbürste und Zahnbürste für schwer zugängliche Stellen wird alles wieder gut.

Wie findet man die perfekte Putzfrau?

Sie haben Ihr Bestes gegeben – und trotzdem sieht Ihre Wohnung aus wie ein Schlachtfeld. Höchste Zeit, jemanden zu engagieren, der sich wirklich damit auskennt: eine Putzfrau (zur Not auch einen -mann).

Wer sucht ...

Fahnden Sie im Bekanntenkreis, lesen Sie den Stellenmarkt im Wochenblatt, in der Lokalzeitung, im Kleinanzeigenblatt oder geben Sie einfach selbst eine Anzeige auf.

... der findet

Trennen Sie gleich beim ersten Telefonat die Spreu vom Weizen – sonst verbringen Sie die nächsten Tage mit Bewerbungsgesprächen (was den Zustand Ihres Zuhauses nicht gerade verbessern dürfte). Klingt die Kandidatin unsicher, resolut oder einfach nur sympathisch? Geht Sie auf Ihre Wünsche ein oder werden Sie von ihr schon jetzt zugetextet? Fragen Sie auch gezielt nach ihren Stärken und Schwächen: Vielleicht schrubbt Ihre potenzielle Perle ja für ihr Leben gern Badezimmerfliesen, weigert sich aber, auf Leitern zu steigen, um die Fenster zu putzen. Auch das Drumherum ist bei einer Haushaltshilfe nicht ganz unwichtig: Hat sie Referenzen? Wo putzt sie noch? Wenn sie Ihnen jetzt ganz nebenbei erzählt, wie es bei Schmitts nebenan so zugeht, sollten Sie sich das zwar interessiert anhören, dann aber schnellstens den Hörer auf die Gabel legen. Denn Diskretion ist beim aktuellen Zustand Ihrer Wohnung mehr als Ehrensache.

Verhandlung

Sie glauben, die Richtige gefunden zu haben? Dann sollten Sie diese vier Punkte vorab klären:

1. **Zeit.** Wie oft hätten Sie es denn gerne? Soll der Staubwedel morgens oder nachmittags geschwungen werden, vor oder nach dem Wochenende?

2. **Bezahlung.** Üblich sind je nach Gegend 7 bis 12 Euro die Stunde. Einen guten Preisüberblick können Sie sich durch die Stellengesuche und -angebote in Wochen- und Kleinanzeigenblättern verschaffen. Arbeitet die neue Fee sozialversicherungspflichtig, brauchen Sie sogenannte Haushaltsschecks. Diese gibt's über die extra eingerichtete Homepage www.minijob-zentrale.de der Deutschen Rentenversicherung. Vorteil für Ihre Hilfe im Haushalt: mehr Sicherheit (unter anderem durch eine Unfallversicherung, Entgeltfortzahlung im Krankheitsfall und Rentenansprüche). Vorteil für Sie: Man zahlt zurzeit maximal 13,7 Prozent an Abgaben, kann die Kosten aber teilweise von der Steuer absetzen. Mal ganz abgesehen davon, dass man eine weiße Weste behält, statt Schwarzarbeit zu fördern ...

3. **Aufgaben.** Ihre Haushaltshilfe muss wissen, ob sie nur die Böden wischen oder auch die Hemden bügeln soll.

4. **Probezeit.** Legen Sie eine Testphase fest. So haben beide Seiten es leichter, zum festgelegten Termin zu sagen, ob man miteinander klarkommt.

Das erste Mal

Zeigen Sie Ihrer neuen Perle Arbeitsplatz und -mittel. Und sagen Sie ihr, worauf es Ihnen besonders ankommt – wer ahnt schon, dass Sie sich beim Rasieren lieber in den Armaturen als im Spiegel betrachten? Ach ja: Falls Sie außerhalb eines One-Night-Stands Probleme haben, eine Fremde in Ihre Intimsphäre zu lassen, sollten Sie am ersten Arbeitstag auch gleich klären, dass Sie sich um Ihr Schlafzimmer selbst kümmern – tun Sie's dann bitte aber auch.

7

HELDEN GESUCHT

11 katastrophale Fragen zum Männeralltag

Was hilft bei einem verstopften Abfluss?

Sind sie noch ganz dicht, die Rohre unter Ihrem Waschbecken? Dann wird es höchste Zeit, dass Sie in die Röhre gucken:

Festgesaugt

Gib Gummi statt Hightech: Der gute alte „Pümpel“, die Saugglocke aus rotem Gummi, ist bei den meisten Verstopfungserscheinungen nach wie vor erste Wahl. Einfach ansetzen und ruckartig pumpen. Falls Sie die Sauerei anschließend nicht vom Badezimmerboden wischen wollen, sollten Sie vorher den Überlauf abdichten (zum Beispiel mit einem nassen Lappen).

Abgepumpt

Hat der normale Pümpel nichts in die Gänge gebracht, muss die Luxusversion ran: Eine Art überdimensionale Luftpumpe, die das gestaute Wasser absaugt und dabei durch Druck und Sog die Dinge wieder in Fluss bringt (gibt's in jedem Heimwerkermarkt). Extravorteil: funktioniert auch auf unregelmäßiger Fläche, zum Beispiel in der Toilettenschüssel.

Durchgedreht

Weder Saugen noch Pumpen konnten den Bewegungsmangel im Abfluss beseitigen? Dann ist es höchste Zeit für Waffe Nummer 3: eine Reinigungsfeder. Das ideale Werkzeug, wenn die Verstopfung tiefer in den Innereien des Systems liegt. Denn ihr kleiner Bohrkopf stößt, einmal vorsichtig eingeführt, bis zu zehn Meter ins Rohr vor. Ist das Hindernis dann mechanisch angeknabbert, kann man es meist mit reinem Wasser wegspülen.

Auseinandergenommen

Okay, es war einen Versuch wert. Ein vergeblicher, wie Sie spätestens jetzt wissen. Es wird Ihnen also nichts anderes übrig bleiben, als die Haarbüschel, die sich von Ihrem Hinterkopf gelöst und im Siphon festgesetzt haben, von Hand zu entfernen. Dazu müssen Sie zuerst den U-förmigen Bogen unterm Waschbecken mit einer Rohrzange lösen. Über ein Tuch zwischen Zange und Rohr und einen Eimer zwischen Boden und Rohr freut sich unter anderem Ihr Vermieter. Ist das Teil ausgebaut und das gestaute Wasser ausgeschüttet, können Sie die Ablagerungen mit einer Flaschenbürste lösen. Vergessen Sie nicht, den Stutzen direkt unterm Becken und das Rohrende, das aus der Wand ragt (hier muss eventuell nochmals die Reinigungsfeder ran). Zum Schluss alles wieder zusammenschrauben, möglichst ohne die Dichtungen zu vergessen.

Wie repariert man ein Brandloch im Teppich?

Dass Rauchen ungesund ist, wussten Sie schon lange. Dass Zigaretten aber nicht nur die Härchen in Ihrer Lunge, sondern auch die an Ihrem Teppichboden zerstören, brannte sich erst auf der gestrigen Party in Ihr Bewusstsein. Aber, keine Angst: Der Schaden lässt sich wieder reparieren – zumindest der an Ihrem Bodenbelag:

Verbrennung 1. Grades

Versuchen Sie Ihr Glück mit Teppichpulver oder -schaumreiniger.

Verbrennung 2. Grades

Bearbeiten Sie den Fleck mit feinkörnigem Schmirgelpapier, bis er verblasst.

Verbrennung 3. Grades

Endlich zahlt es sich aus, dass Sie damals beim Kauf 35 Quadratmeter zu viel erstanden haben: den Brandfleck mit einem Stanzeisen aus dem Teppichboden schneiden, danach aus dem Reststück einen gleich großen Ersatz. In das Loch auf den Boden wenig Alleskleber (Vorsicht, darf später nicht rausquellen) geben, dann das neue Teppichstück. Mit einem schweren Gegenstand platt drücken. Falls Sie den Teppichrest nicht mehr finden: Vielleicht können Sie sich ja aus einer abgelegenen Ecke (z. B. unterm Tisch, hinterm Vorhang) ein Ersatzstück borgen?

Was stoppt einen tropfenden Wasserhahn?

Steter Tropfen höhlt die Nerven. Mit einer Zange, Schraubenschlüsseln und einer Dichtung gewöhnen Sie Ihrem Wasserhahn das Tropfen ab und verhindern so ja vielleicht die nächste Sintflut, Sie Held:

1. Entweder Sie gönnen Ihrem Bad endlich mal ein Vollbad. Oder Sie schließen zuallererst das Eckventil unter dem Waschtisch und drehen dem Wasserhahn so das Wasser ab. Erst dann den Griff des Hahns abziehen.

2. Bei älteren Armaturen müssen Sie den Hahn ganz öffnen und den Griff mit der Rohrzange abdrehen. Ein Tuch zwischen Zange und dem Griff verhindert Kratzer.

3. Ist der Griff erst mal ab, löst sich das Ventil mit dem passenden Schraubenschlüssel und der passenden Kraft fast von selbst.

4. Und schon erblicken Sie den Hauptschuldigen: eine (Un-)Dichtung (in der Installateurssprache „Hahnscheibe" genannt).

5. Die defekte Dichtung ist mit einer Mutter befestigt. Ein Schraubenschlüssel macht ein für alle Mal Schluss mit dieser verhängnisvollen Verbindung.

6. Jetzt nur noch die Hahnscheibe austauschen, etwas Hahnfett aufs Spindelgewinde streichen und alles in umgekehrter Reihenfolge wieder zusammenbauen – wir drücken die Daumen!

Wie beseitigt man Kratzer aus dem Parkett?

Ihre High Heels haben Ihre Fantasie zu Höhenflügen veranlasst. Die Kratzer im Parkett haben Sie zurück auf den harten Holzboden der Realität gebracht. Mit diesen Tricks beseitigen Sie die Spuren (am Holz, nicht in der Hose):

Eingetretener Schmutz

Vorsichtig mit einem Messer abschaben (immer in Richtung der Holzmaserung!). Die Stelle danach mit Terpentinersatz abreiben, wachsen, bohnern.

Gummistreifen

Egal, ob durch Schuhe oder Sofa: In leichten Fällen hilft oft ein einfacher Radiergummi. Für stärkere Spuren gibt's spezielle Reinigungskonzentrate für Holzfußböden im Fachhandel.

Kratzer

Ist nur der Decklack angekratzt, lässt sich der Schaden mit einem Retuschierstift (aus dem Fachhandel) einfach kaschieren. Geht's tiefer, müssen Sie zu Spachtel und Reparaturharz im passenden Holzton greifen (einfach anmischen und so auftragen, dass die Oberfläche des Holzes wieder glatt ist).

Was tun, wenn eingebrochen wurde?

Ja, Mutti hatte schon recht: In Ihrer Wohnung geht es des Öfteren drunter und drüber. Eine saubere Unterhose oder unbenutzte Tasse zu finden, ist nicht immer ganz einfach. Aber hatten Sie die Bude gestern Abend, als Sie zur Kneipp-Tour aufbrachen, wirklich in diesem Zustand verlassen? Und wo sind eigentlich Ihr energiesparendes Notebook und das Sparbuch mit den Notgroschen abgeblieben? Alle drei Minuten wird ein Haus oder eine Wohnung geknackt – sieht ganz so aus, als ob die Zeit reif war für Ihr Zuhause. Jetzt nur keine Panik:

Hände weg

Als Gewohnheitsseher von „Ein Fall für Polizeiruf 110“ wissen Sie natürlich: am Tatort nichts anfassen. Außer, das Telefon (falls noch vorhanden): Rufen Sie sofort die Polizei an. Falls Sie das Gefühl haben, nicht ganz allein zu sein (und zwar unabhängig von Ihrem Alkoholpegel), machen Sie sich durch Geräusche und Licht bemerkbar. Wichtig: Lassen Sie dem Einbrecher einen Fluchtweg offen. Zwar hat er es nur auf Ihre Wertsachen, nicht auf Ihr Leben abgesehen. Aber zur „Notwehr“ würde er vielleicht schon zu Pistole, Brecheisen oder Faustschlägen greifen – also bitte ausnahmsweise nicht die Superman-Nummer. Prägen Sie sich lieber Details (Größe, Alter, Statur ...) ein, falls er an Ihnen vorbeihuscht.

Geld raus

Der zweite Anruf geht zur Bank beziehungsweise zur Notrufzentrale Ihrer Kredit- und EC-Karte (Nummer des zentralen Sperrnotrufs: 116 116). Melden Sie den Diebstahl, bevor der Einbrecher auf Ihre Kosten Tickets in die Karibik bucht (bei verspäteter Meldung haften Sie selbst!).

Belege her

Auch wenn die Polizei noch so gut arbeitet: Machen Sie sich keine allzu großen Hoffnungen, Ihre Lieblingssachen wiederzubekommen. Zum Trost gibt’s ja Ihre Hausratversicherung. Die Chancen auf Entschädigung steigen, wenn Sie von den gestohlenen Gegenständen Fotos, Quittungen oder ähnliches Beweismaterial aufgehoben haben. Die Chancen sinken, wenn der Einbrecher nicht einbrechen musste, sondern Sie ihn durch ein gekipptes Fenster oder eine nicht abgeschlossene Türe zu sich eingeladen haben.

Sicherheit zurück

In Ihrer Wohnung sieht’s wieder fast so aus wie früher, in Ihrem Innern nicht: Die meisten Opfer von Einbrüchen leiden anschließend unter

Schlaflosigkeit, fühlen sich in Ihrer eigenen Wohnung nicht mehr sicher. Wenn sich dieses Gefühl auch durch die drei neuen Schlösser und eine moderne Alarmanlage nicht verscheuchen lässt, hilft professionelle psychische Beratung (Infos über die Opferberatung der Polizei und den Weißen Ring, www.weisser-ring.de) oder ein Umzug.

Wie reagiert man, wenn der Lift feststeckt?

So nahe wollten Sie Frau Schmidtke aus der Wohnung nebenan schon immer mal kommen. Und dass sie nicht gleich die Flucht ergriffen hat, ist eigentlich auch ein gutes Zeichen. Wenn man mal davon absieht, dass sie das auch gar nicht hätte tun können. Denn sie stecken fest. Nicht in Frau Schmidtke, aber mit ihr. Im Fahrstuhl.

Handeln

Auch wenn sie Sie noch so anfleht: Spielen Sie nicht den Bruce. Wo Mr. Willis die Deckenverkleidung runterreißt, würden Sie nur Ihre Fingernägel einreißen. Wo er über das Dach der Kabine nach oben klettert, fallen Sie runter. Helden wissen, wie man sich aus dieser Situation rettet: Indem man energisch und ohne zu zögern den Notrufknopf drückt oder ersatzweise um Hilfe brüllt, was die Stimmbänder hergeben.

Warten

Nutzen Sie die Zeit, um Frau Schmidtke zu beruhigen. Wenn Sie ihr jetzt das Händchen halten, haben Sie später, in Freiheit, gute Chancen, das Gleiche zu tun. Also, zerstreuen Sie ihre beiden Hauptsorgen: Nein, der Sauerstoff in einer Fahrstuhlkabine geht nicht aus (weil sie nicht luftdicht verschlossen ist, kontinuierlich Frischluft einströmt). Und: Nein, das Kabel reißt nicht (weil die Kabine an sechs bis sieben davon hängt, jedes dafür ausgelegt, einen Mittelklassewagen zu tragen).

Handeln

Der Nottrupp von der Liftfirma oder die Feuerwehr kommt normalerweise innerhalb von 30 Minuten. Wundern Sie sich nicht, falls Sie plötzlich im Dunkeln sitzen: Wenn die Retter den Fahrstuhl nicht in Gang kriegen, schalten sie eventuell den Strom ganz ab. Damit die Kabine auch wirklich festhängt, während man Sie evakuiert. Und das sollten Sie nutzen, Frau Schmidtke zumindest in Sachen Romantik den Bruce zu machen.

Was tun, wenn's brennt?

Jetzt wird's brenzlig: Es brennt in Ihrem Haus, der Fluchtweg übers Treppenhaus ist durch den Qualm versperrt, und zum Springen ist Ihnen in der achten Etage irgendwie nicht zumute. Keine Chance, sich als heißer Held zu beweisen. Handeln Sie lieber klug und mit kühlem Kopf!

Wasser!

Sie können das Zimmer also nicht mehr verlassen? Die Feuerwehr auf sich aufmerksam zu machen, ist kein Zeichen von Schwäche. Versuchen Sie es am besten per Handy, zur Not durch eine Taschenlampe oder ein weißes (Lein-)Tuch am Fenster. Danach steht das Volllaufenlassen an. Nicht Sie, die Badewanne, damit Sie Handtücher nass machen oder brennende Kleidung schnell löschen können. Als Nächstes Türspalten und Lüftungsschlitze mit den nassen Handtüchern abdichten, Klimaanlage und Ventilatoren ausschalten.

Luft!

Dringt Rauch ins Zimmer ein, bitte nicht inhalieren. Gehen Sie lieber auf die Knie und beten. Das hat den zusätzlichen Vorteil, dass in 26 bis 55 Zentimetern über dem Boden die beste Luft zu finden ist. Wenn Sie sich jetzt noch ein nasses Handtuch als improvisierte Filtermaske vor Mund und Nase binden, haben die Feuerwehrmänner glatt ein paar Minuten länger Zeit, Sie zu retten.

Wer hilft, wenn der Gerichtsvollzieher vor der Tür steht?

Einfach nicht aufmachen! Was bei Versicherungsvertretern, den Zeugen Jehovas und Ihrer Schwiegermutti vielleicht noch hilft, ist beim Gerichtsvollzieher nutzlos. Denn der kommt garantiert wieder – zur Not auch mit einem Durchsuchungsbeschluss und einigen Freunden und Helfern.

Faule Ausreden

„Ich hab doch schon bezahlt ...!" Diesen Satz hört ein Gerichtsvollzieher täglich 8 bis 17-mal von 8 bis 17 Uhr. Ohne Beweis (zum Beispiel ein Einzahlungsbeleg der Bank) können Sie sich das sparen. Auch Vertrösten („In einer Stunde wird meine Tante beerdigt. Könnten Sie vielleicht morgen nochmals ...") macht nur Sinn, wenn Sie bis morgen Ihre quietschlebendige Erbtante davon überzeugt haben, einen Teil der Knete vorzeitig rauszurücken (aber bitte ohne Waffengewalt, sonst müssen Sie doch noch die nächsten Jahre ohne Ihre Wertgegenstände absitzen).

Schnelle Entsorgung

Gegenstände der normalen Lebensführung dürfen nicht gepfändet werden. Um Ihr Bett, die Bratpfanne und Ihre Swatch-Uhr brauchen Sie sich also keine Sorgen machen. Ihre Dolby-Surround-Anlage, die Mikrowelle und die Rolex sollten Sie vielleicht vorübergehend lieber bei Freunden unterstellen. Aber, Vorsicht: Spuren verwischen (zum Beispiel Abdrücke im Teppichboden).

Endgültige Lösung

Ihr eigentliches Problem, die Flaute auf Ihrem Konto, lässt sich mit diesen Tricks allerdings nicht beheben. Da hilft nur eins: von den Großen lernen und in Konkurs gehen. Das ist dank der neuen Insolvenzverordnung seit 1999 auch für Privatleute möglich. Voraussetzung: Man verpflichtet sich, sieben Jahre lang den pfändbaren Teil seines Einkommens an die Gläubiger abzugeben (in den letzten drei Jahren darf man 10, 15 beziehungsweise 20 Prozent dieses Teils behalten). Infos zum nicht ganz unkomplizierten Verfahren der sogenannten Verbaucherinsolvenz gibt's bei den Schuldnerberatungsstellen (Homepage der Bundesarbeitsgemeinschaft Schuldnerberatung: www.bag-sb.de).

Was, wenn ich meinen Schlüssel verloren habe?

Den Schlüssel zum Herzen einer Frau haben Sie immer griffbereit. Den zu Ihrer Haustüre im Moment leider nicht. Und jetzt, mitten in der Nacht, bei Mutti nach dem Ersatzschlüssel zu klingeln, käme auch unterhalb Ihrer 1,7 Promille nicht besonders gut. Entweder Sie locken mit ein paar Hundertern einen Notschlüsseldienst herbei. Oder Sie helfen sich selbst:

Entspannt geöffnet

Ist die Türe nur zugeschlagen, können Sie versuchen, mit einer flexiblen Plastikkarte (zum Beispiel der Kundenkarte vom Videoclub) beim Schnapper Eindruck zu schinden und ihn so zum Öffnen zu bewegen. Zur Not helfen auch ein paar gezielte Tritte nach.

Entspannt geschlafen

Haben Sie abgeschlossen, wird's kniffliger: Entweder Sie verbringen die Nacht damit, mit einer Haarnadel die Stifte im Schloss einen nach dem anderen in die richtige Position zu bringen (was selbst mit einem Profiset aus Tools, Picks und Spanner beim ersten Einbruchversuch nicht ganz leicht ist). Oder Sie suchen sich einen Aushilfsschlafplatz in der Stadt. Der sollte möglichst windstill sein. Also, keine Parkbank (darauf kühlt der Körper zu schnell aus), keine Flussbrücke (darunter wird die Kleidung klamm), sondern ein Hauseingang oder Wartehäuschen an der Bushaltestelle.

Als Zudecke besorgen Sie sich aus dem nächsten Altpapiercontainer ein paar Zeitungen, die Sie sich unter die Jacke stopfen. Als Matratze dienen ein paar Schichten Pappe. Und keine Angst: Die Stadtreinigung oder freundliche Polizisten sorgen garantiert dafür, dass Sie morgen früh nicht verschlafen.

Wie repariert man eine Brille?

Da sehen Sie mal, was passiert, wenn man auf seine Sachen nicht aufpasst. Das heißt: Sie sehen es nicht, oder höchstens verschwommen. Denn Ihre Sehhilfe hat das Zeitliche gesegnet. Mit diesen Tricks können Sie die Brille wiederbeleben, damit Sie sich auf dem Weg zum Optiker nicht verlaufen:

Bügel

Beim Knochen wie beim Bügel gilt: Ist er erstmal gebrochen, muss man ihn von außen zusammenhalten. In Fall eins mit Gips, bei Ihrer Brille reicht ein Textilklebeband.

Scharnier

Dass bei Ihnen hin und wieder eine Schraube locker ist, daran kann man sich gewöhnen. Fehlt sie aber ganz, hilft nur noch ein Trick: eine umgebogene Büroklammer ins Scharnier stecken und alles ist wieder normal.

Glas

Wenn man das eine oder andere Glas kippt, wächst die Gefahr, dass nicht nur Ihre bessere Hälfte, sondern auch das eine oder andere an Ihrer Brille aus der Fassung gerät. Kunststoffgläser kann man meist vorsichtig wieder zurückdrücken. Bei richtigem Glas müssen Sie vorher das Gestell weiten, indem Sie es zum Beispiel mit einem Föhn erhitzen.

Wie versorgt man Wunden professionell selbst?

Echte Männer kennen keinen Schmerz. Außer, Mutti kommt mit dem Jodfläschchen. Doch die Zeiten sind endgültig vorbei. Nicht nur, weil sich inzwischen hoffentlich ein anderes weibliches Wesen um Ihr seelisches und körperliches Wohlergehen kümmert. Sondern auch, weil Desinfektion mit Brandgarantie heute völlig out ist. Das Einmaleins der modernen Wundversorgung:

Schürfwunde

Vielleicht hätten Sie vorher heimlich etwas üben sollen, bevor Sie sich Ihrem neuen Date zuliebe das erste Mal in Ihrem Leben auf Inlineskates gewagt haben. Obwohl: Immerhin widmet sie sich jetzt hingebungsvoll Ihren Knien. Den großen Abschürfungen darauf, um genau zu sein. Falls Streicheleinheiten alleine nicht ausreichen: Die Wunde unter fließendem Wasser reinigen, dann ein Desinfektionsmittel auftragen – am besten ein Produkt auf Polyvidon-Jod-Basis (ohne Alkohol, brennt daher nicht!). Als Schutz vor Verunreinigungen und Schmerzen beim nächsten Sturz ein (Sprüh-)Pflaster drauf – weiter geht's. Bei tiefen Abschürfungen (zum Beispiel nach einem Sturz auf der Aschenbahn) sollte man die Wunde besser vom Arzt reinigen lassen. Sonst kann es sein, dass nach dem Abheilen „Schmutztätowierungen" zurückbleiben – obwohl, vielleicht wird das ja der neue Trend.

Quetschwunde

Tut höllisch weh, ist in Wirklichkeit aber meist nur ein heftiger Bluterguss unter der Haut. Und weil die ja noch intakt ist, können Sie sich Reinigen und Desinfizieren sparen. Bleiben Sie stattdessen cool – mit einer Eispackung (zur Not tut's auch eine Packung Tiefkühlerbsen) oder mit kühlenden Gels aus der Apotheke.

Schnittwunde

Die Zwiebeln fein hacken, das Schlachtermesser zur Seite legen und die Schnittwunde unter fließendem Wasser reinigen. Desinfizieren ist auf jeden Fall Pflicht, wenn das Messer nicht wirklich rostfrei war oder Sie vorher damit vier Tage alte Hähnchenbrüste (inklusive einer großen Salmonellenkolonie) zerkleinert haben. Bei kleinen Schnitten reicht ein Pflaster (am besten ein Wasser abweisendes), stärkere Blutungen stoppt man besser mit einem Druckverband: Bis Sie zum Verbandskasten kommen, die verletzte Hand hochhalten, die Arterie mit vier Fingern der anderen Hand abdrücken. So lange, bis Sie ein Verbandspäckchen parat haben: Die Wundauflage auf die Wunde drücken und diese zwei- bis dreimal umwickeln. Dann ein zweites Päckchen als Druckpolster direkt über der Wunde platzieren und fixieren.

Bei tiefen, klaffenden Wunden, Schnitten von über einem Zentimeter Länge oder Verunreinigungen in der Wunde sollten Sie besser zum Arzt gehen – außer, Ihre Freundin steht auf harte Männer mit Narben. Und wenn Sie schon mal beim Onkel Doc sind: Wie steht es eigentlich mit Ihrem Tetanusschutz? Ist die Grundimmunisierung gegen die Wundstarrkrampferreger schon mehr als zehn Jahre her, kommen Sie um eine Impfung nicht herum.

Platzwunde

Eins ist sicher: Das Date nach dem Fußballspiel ist geplatzt. Denn statt Ihr Verlangen müssen Sie jetzt erst mal die Blutung stillen (mit einem

Druckverband, siehe Schnittwunde) und dann die stark blutende Wunde von einem Arzt nähen oder klammern lassen.

Bisswunde

Dabei sah er doch so niedlich aus. Bevor Sie dem Besitzer des bissigen Beagels Ihre Zähne zeigen, reinigen Sie die Wunde erst mal unter fließendem Wasser, desinfizieren sie und geben ein Pflaster drauf (Achtung: Die Klebefläche darf nicht die Wunde berühren.) Bei größeren, tieferen und/oder stark blutenden Wunden müssen Sie zum Arzt. Der kann dann auch entscheiden, ob der Schaum vor Ihrem Mund nur durch eine ganz normal tolle oder eine echte Tollwut verursacht wird.

Verbrennung

Dass man sich an manchen Frauen die Finger verbrennen kann, wollten Sie Ihrem Kumpel nie glauben. Bis Ihre neue Flamme auf die Idee mit dem Kerzenwachs kam ... Jetzt hilft nur noch Kühlung, mindestens 20 Minuten unter kaltem Wasser. Das Ganze mit Eiswürfeln zu beschleunigen, ist keine besonders gute Idee, sonst müssen Sie gleich noch Erfrierungen mitbehandeln. Bilden sich Blasen oder gelblich-bräunlicher Schorf, hat Ihnen die Meisterin eine Verbrennung zweiten oder dritten Grades verpasst – ab zum Arzt!

Schussverletzung

Sofort zum Notarzt. Dadurch steigen nicht nur Ihre Chancen, dass er noch nichts von der Fahndung nach Ihnen weiß. Sie senken auch die Gefahr, bald völlig in der Unterwelt abzutauchen. Denn jede Schusswunde ist automatisch mit Krankheitserregern verunreinigt. Und: Wie stark die innere Verletzung ist, kann man von außen meist nicht erkennen, Schusswunden müssen noch nicht mal besonders stark bluten. Bis Sie den Herren in Weiß treffen: eventuelle Blutungen stillen, einen sterilen Verband anlegen und den verletzten Körperteil ruhig stellen.

Warnsignale

Bei diesen Symptomen müssen Sie mit jeder Wunde zum Arzt – sie könnten auf eine gefährliche Infektion hindeuten:

- Sie bekommen Fieber.
- Die Lymphknoten schwellen stark an.
- Die Haut um die Wunde herum fühlt sich heiß an.
- Das Gewebe um die Wunde schwillt an.
- Die Haut in der Umgebung der Wunde rötet sich.
- Von der Wunde geht ein roter Strich aus.

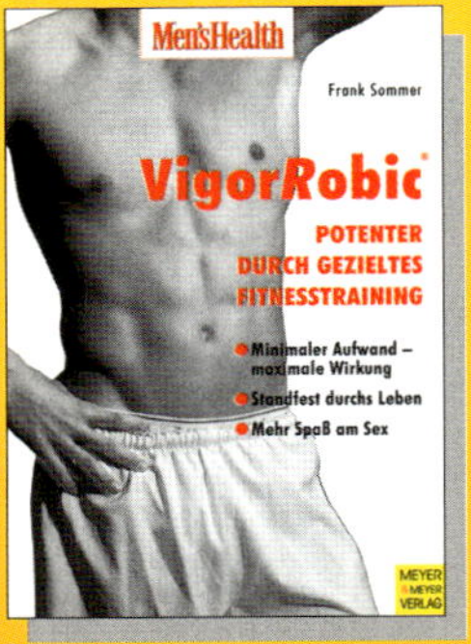

Frank Sommer
VigorRobic®
Potenter durch gezieltes Fitnesstraining

160 Seiten, in Farbe
77 Fotos, 11 Abb.
Paperback mit Fadenheftung
16,5 x 24 cm
ISBN 978-3-89899-402-6
€ [D] 16,95 / SFr 29,00 *

Die Potenz kann genauso wie die Ausdauer trainiert werden, wenn „Mann" seine Leistung erhalten möchte. Mit diesem Buch liegen erstmals konkrete Übungsprogramme zur Trainierbarkeit der Potenz vor. Auch die Psyche, die eine wichtige Rolle für eine gute Sexualität spielt, wird durch VigorRobic®-Training gezielt gestärkt.

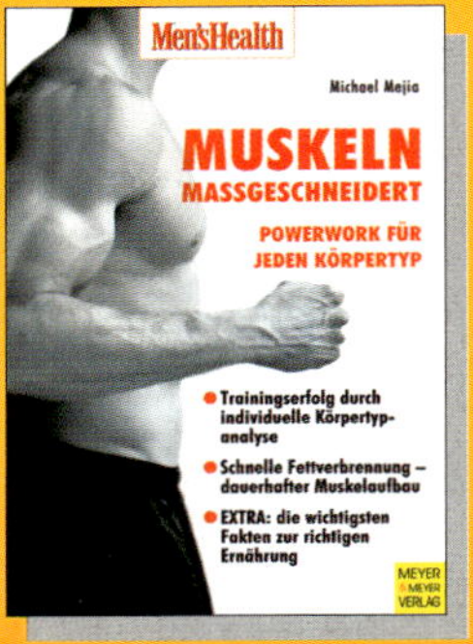

Men's Health Edition
Michael Mejia
Muskeln maßgeschneidert

360 Seiten, in Farbe
zahlreiche Fotos
Paperback mit Fadenheftung
16,5 x 24 cm
ISBN 978-3-89899-390-6
€ [D] 24,95 / 42,00 SFr *

Michael Mejia, Kraft- und Konditionsexperte der Zeitschrift *Men's Health*, richtet in diesem Buch sein Trainingsprogramm auf unterschiedliche Körpertypen und Zielgruppen aus. Das Buch hilft Ihnen dabei, sich selbst richtig einzuschätzen, potenzielle Schwächen zu erkennen und mit korrigierenden Übungen zu beheben. Sie erfahren alles, was Sie benötigen, um ein sicheres und effektives Training mit freien Gewichten durchzuführen.

Men's Health-Edition
Myatt Murphy
Der Muskelmanager
Powerwork für jeden Zeitplan

344 Seiten, in Farbe
200 Fotos
Paperback mit Fadenheftung
16,5 x 24 cm
ISBN 978-3-89899-302-9
€ [D] 24,95 / SFr 42,00 *

Fettverbrennung, Muskelaufbau, Fitness – all das bietet dieses Buch mit vielen Trainingseinheiten. Sie entscheiden selbst, wie viel oder wenig Zeit Sie investieren. Mit „Der Muskelmanager" hat Fitnessexperte Myatt Murphy ein Buch mit vielfältigen Trainingsbeispielen zusammengestellt, die allen zeitlichen Möglichkeiten angepasst werden können.

Bildnachweis

Covergestaltung: Jens Vogelsang

Innenlayout: Andrea Eisen

Bilder Innenteil:

S. 8: Franz Pfluegl (Fotostudio Pflueg), Fotolia.com

S. 46: Carl Durocher, Fotolia.com

S. 76: Andres Rodriguez, Fotolia.com

S. 102: James Steidl James Group Studios inc., Fotolia.com

S. 114: j. mcphail/judwick, Fotolia.com
Josef Müllek, Fotolia.com

S. 128: Aradan, Fotolia.com

S. 142: Thaut Images, Fotolia.com